하루에 100여 종의 생명이 사라진다!
멸종동물 얘기 좀 들어볼래?

멸종동물 얘기 좀 들어볼래?

초판 1쇄 2008년 7월 1일 | **초판 8쇄** 2022년 6월 24일

글 서해경·이소영 | **그림** 김중석 | **추천** 한국야생동물보호협회

편집 이세은·조연진 | **마케팅** 강백산·강지연 | **디자인** 김진디자인

펴낸이 이재일

펴낸곳 토토북 04034 서울시 마포구 양화로11길 18, 3층(서교동, 원오빌딩)

전화 02-332-6255 | **팩스** 02-332-6286

홈페이지 www.totobook.com | **전자우편** totobooks@hanmail.net

출판등록 2002년 5월 30일 제10-2394호

ISBN 978-89-90611-57-4 74400
      978-89-90611-54-3 74400 (세트)

ⓒ 서해경, 이소영, 김중석 2008
이 책은 저작권법에 의해 보호를 받는 저작물이므로 무단 전재 및 무단 복제를 금합니다.
잘못된 책은 바꾸어 드립니다.

KC

제품명: 멸종동물 얘기 좀 들어볼래? | **제조자명:** 토토북 | **제조국명:** 대한민국 | **전화:** 02-332-6255
주소: 서울시 마포구 양화로11길 18, 3층(서교동, 원오빌딩) | **제조일:** 2022년 6월 24일 | **사용연령:** 8세 이상
* KC 인증 유형: 공급자 적합성 확인
* KC마크는 이 제품이 공통안전기준에 적합하였음을 의미합니다.

⚠ **주의** 책의 모서리에 다치지 않게 주의하세요.

하루에 100여 종의 생명이 사라진다!

멸종동물
얘기 좀 들어볼래?

서해경·이소영 글 | 김중석 그림
한국야생동물보호협회 추천

www.totobook.com

 추천의 글

더욱 아름다운 지구를 만드는 데 힘을 보태요

세계자연보호기금(World Wide Fund for Nature)이 올해 발표한 보고서에 따르면 생물다양성이 지난 35년 동안 3분의 1 가까이 줄어들었다고 합니다. '생물다양성'이란 지구에 얼마나 다양한 생물들이 살고 있는가를 뜻하며 지구의 건강 상태를 알아볼 수 있는 척도이기도 합니다.

전 세계의 조류, 포유류, 파충류, 양서류 등 약 4,000종의 생태를 추적한 WWF 조사에 따르면 1970년부터 2007년 사이에 육상생물은 25%, 해양생물은 28%, 담수생물은 29%가 줄었다고 합니다. 특히 바닷새 종류는 1990년대 중반부터 지금까지 30%나 줄었다고 하니 놀라운 수치입니다.

이처럼 생물다양성이 줄어든 것은 서식지가 파괴되거나 야생생물을 거래하는 일이 늘어났기 때문입니다. 또한 급격한 기후 변화로 인해 앞으로 30년간 야생생물은 점점 더 살기 힘들어질 것이라고 합니다.

자연은 인간을 비롯한 모든 생명체의 원천입니다. 야생생물을 보호하고 사랑하는 것은 그들과 우리가 공존하고 있는 자연환경을 지킨다는 의미를 가집니다. 또 우리 인간의 삶의 질을 높인다는 뜻도 있습니다.

무분별한 인류의 활동 때문에 생기는 자연환경과 동식물의 파괴는 지금 우리 세대뿐 아니라 미래의 우리 후손의 생존에까지 영향을 줄 수 있습니다. 생물다양성이 급격하게 줄고 있다는 사실은 지구에 살고 있는 모든 생물에게 심각한 일임을 깨달아야 합니다. 특히 자라나는 어린이들은 더욱 그렇습니다.

멸종 위기의 생물들에 관해 아이들이 쉽게 읽을 수 있는 책이 나와 반갑습니다. 《멸종동물 얘기 좀 들어볼래?》를 펼치면 이미 멸종했거나 멸종 위기에 놓인 생물들에 대한 이야기를 읽을 수 있습니다. 이들 가운데 일부는 이미 우리와 친숙하지만 일부는 생소할 수도 있습니다. 그러나 사라지지 말아야 할 소중한 생명체라는 점에서는 모두 같습니다. 이 책을 읽고 나면 사라져가는 동물들에게 관심을 가지고 기억하는 일이 무엇보다도 중요하게 여겨집니다.

이제부터라도 우리는 풀 한 포기, 새 한 마리, 들짐승 한 마리라도 우리의 가족처럼 아끼고 사랑하며 자연의 질서와 조화를 유지하는 데 정성을 다하여야 할 것입니다. 더욱 아름다운 지구를 만들어가는 데에 어린이 여러분도 힘을 써 주었으면 합니다.

사단법인 한국야생동물보호협회장 송희원

얼마나 더 많은 생물이 책 속으로 사라질까요?

먼 옛날 지구에는 공룡이 살고 있었어요. 그런데 지금 우리는 공룡을 실제로 만날 수 없습니다. 이제는 화석으로만 만날 수 있지요. 이렇게 지구에서 사라진 생물을 가리켜 '멸종했다'라고 말합니다.
지금 이 순간에도 지구 어느 편에서는 멸종이 일어나고 있어요. 지구의 역사 속에서 멸종은 자연스러운 일이기도 합니다. 그러나 지금 일어나고 있는 멸종은 이와는 달라요. 우리와 많은 연관이 있지요.
대부분 우리 사람 때문에 일어난 일이니까요.
지난 수백 년 동안 사람 때문에 아주 빠른 속도로 많은 생물이 사라졌어요.

도도, 여행비둘기, 콰가, 주머니늑대… 셀 수 없이 많은 동물이 우리 곁을 떠나갔어요. 호랑이, 늑대, 판다, 코뿔소, 고릴라 같은 동물들도 멸종 위기에 처해 있으니 또 언제 우리 곁을 떠나게 될지 모릅니다.
우리가 알지도 못하는 사이에 이미 우리 곁을 떠난 친구들도 있을 거예요.
사라진 동식물들은 이제 백과사전을 펼쳐야만 볼 수 있어요.
이렇게 많은 생물이 사라질 동안 도대체 무슨 일이 일어난 걸까요?
다른 생물의 멸종이 우리에게 어떤 영향을 미칠까요? 그리고 남아 있는 생물을 지키기 위해 우리는 무엇을 해야 할까요?

차 례

얼마나 더 많은 생물이 책 속으로 사라질까요? 6

 멸종, 그게 뭔가요?

이렇게 큰 뼈를 가진 동물이 있었다고? 12
지금까지 지구에 누가 살았던 걸까? 14
환경에 적응 못하면 사라져요 18
바퀴벌레야, 비법을 말해 봐! 20
공룡은 어디로 갔을까요? 22
무시무시한 대멸종 26
가장 빠르고 무서운 멸종이 다가온다 30
위험 신호! 레드 리스트의 비밀 34

 책 속에서만 볼 수 있는 동물들

아주 특별했던 새, 도도 38
아름다운 것도 죄가 되나요? 44
무섭게 생겨서 미움받은 주머니늑대 50
아이아이원숭이는 악마를 닮았대 54
많다고 함부로 해치면 안돼! 56
괌과일박쥐는 정말 맛있었을까요? 62

03 S.O.S! 사라지지 않게 도와주세요

호랑이 왕, 노총각 되다 68
다시는 참치를 먹을 수 없다고? 74
얼지 않는 북극 바다 78
얼음아, 녹지 마! 82
혼자 남은 바나나의 슬픔 84
푸른 별 지구를 지켜라 88
대나무가 사라지면 판다는 배고파요 90
편식하는 코알라의 고민 94
열대우림에 불이 났어요! 98
지구의 허파, 열대우림이 사라져요 104

04 모두 모두 함께 사는 세상

인간, 지구추방령을 받다 108
사람의 힘만으로 살 수는 없어요 112
사라진 동물을 되살릴 수 있을까요? 116
침팬지의 어머니, 제인 구달 123
코스타리카 숲이 되살아났어요 126
영원한 어린이의 숲 130
우리는 무엇을 할 수 있나요? 132

자연의 약속을 지켜요 138

멸종, 그게 뭔가요?

이렇게 큰 뼈를 가진 동물이 있었다고?

어느 작은 나라에 조용한 마을이 있었어요. 마을 사람들은 농사를 짓고 가축을 기르며 살았지요. 그런데 어느 날 이 조용한 마을에 사람들이 모여들기 시작했어요. 그건 바로 이 마을에서 어마어마한 돌멩이가 발견되었기 때문이에요.

처음엔 그냥 돌멩이인 줄 알았는데 흙을 파고 또 파도 돌멩이의 끝이 보이질 않는 거예요. 결국 마을의 힘센 남자들이 여러 명이나 모여서야 그 큰 돌멩이를 파낼 수 있었지요. 돌멩이의 길이는 무려 15m나 되었고 무게는 500kg이나 나갔어요. 아주 크고 길고 무거운 돌멩이였지요.

모여든 사람들은 저마다 한 마디씩 했어요.
"오, 이건 먼 옛날 조상이 세운 신전의 기둥이오."
"무슨 소리, 이건 신이 우리에게 보내주신 선물이라오."
하지만 아무도 그것이 무엇인지 정확히 알 수가 없었죠. 그때는 말이에요.
오랜 세월이 지난 뒤 과학자들에 의해 드디어 돌멩이의 정체가 밝혀졌어요. 그건 기둥도 아니고 신의 선물도 아닌, 바로… 동물의 뼈였어요! 아니, 세상에 이렇게 큰 뼈를 가진 동물이 있었다고? 사람들은 깜짝 놀랐어요. 그럼 그 동물은 지금 어디에 있는 거야? 이렇게 큰 동물이 살았다면 우리가 몰랐을 리 없는데…. 사람들은 궁금했어요. 도대체 이 지구에 우리가 모르는 어떤 동물들이 살고 있었던 걸까? 그리고 지금은 왜 그런 동물들이 살고 있지 않을까?

지금까지 지구에 누가 살았던 걸까?

지구가 처음 생겨났을 때부터 지구에 사람이 살기 시작한 것은 아니었어요. 지금 우리가 볼 수 있는 동물들도 그때는 지구에 살지 않았고요. 그렇다면 아주 먼 옛날부터 지금까지 지구에는 누가 살았을까요?

❶ 아무도 살지 않던 지구에 박테리아가 탄생했어요.

❷ 새로운 생명체들이 생겨나기 시작했지요.
"박테리아의 변신은 무죄!"

❸ 단단한 등뼈를 가진

물고기(어류)가 생겼어요.
"난 해구어(피카이아)야."

❹ 바다에서만 살던 물고기들은 육지가 궁금해졌어요.
"육지로 가자!"

❺ 육지에서 살기 위해 아가미와 지느러미 대신, 공기 주머니(허파)와 다리가 생겼어요.
"우리는 양서류. 육지와 물을 오가면서 생활해. 그래도 알은 물속에 낳아."

❻ 말랑말랑 촉촉한 피부가 단단한 비늘로 바뀌고 육지에 알을 낳을 수 있게 되었어요.
"우린 파충류야."

❼ 육지에 거대한 공룡들이 나타났어요.
"비켜 비켜. 공룡이야말로 지구의 진정한 지배자라고!"

❽ 하늘을 나는 동물(조류)도 생겨났어요.
"난 시조새. 새의 조상이라고나 할까?"

❾ 항상 몸을 따뜻하게 하려고 털옷이 생기기 시작했어요.
"늘 같은 체온을 유지할 수가 있어."

❿ 갓 태어난 새끼들을 위해 어미에게 젖이 생겼어요.
"포유류는 어미가 젖으로 새끼를 먹여 길러."

🈲 드디어 인류의 조상도 등장했어요.
"우리 영장류는 도구를 사용하고 두 발로 서 있을 수도 있어."

아무도 살지 않았던 지구에 처음 나타난 작은 박테리아는 시간이 지나면서 어류, 양서류, 파충류, 조류, 포유류 그리고 사람으로 변했어요.
자기가 사는 환경에 맞추어 가장 잘 살 수 있는 모습으로 변해가는 것을 진화라고 해요. 처음 지구에 생명체가 등장한 35억 년 전부터 지금까지 생물은 계속 진화해왔어요.

그런데 그 과정에서 진화하지 못한 생물은 어떻게 되었을까요?

환경에 적응 못하면 사라져요

먼 옛날에 목이 짧은 기린과 목이 긴 기린이 살고 있었어요. 목이 긴 기린은 높은 나뭇가지에 있는 잎도 잘 따 먹었어요. 그래서 목이 짧은 기린보다 몸이 더 튼튼했고, 자기처럼 목이 길고 건강한 자손을 낳을 수 있었지요. 하지만 목이 짧은 기린은 먹이를 충분히 먹지 못해서 점점 몸이 약해졌어요. 육식동물에게 잡아먹히는 경우도 많았어요. 결국 나중에는 목이 긴 기린만 살아남게 되었지요. 환경에 잘 적응한 목 긴 기린은 살아남고 그렇지 못한 목 짧은 기린은 멸종한 거예요.

생태계에서는 이처럼 진화의 과정에서 자연스럽게 멸종이 일어나기도 해요. 환경에 잘 적응한 생물은 그렇지 못한 생물보다 오랫동안 살아남아요. 지구의 환경이 변할 때에도 그에 맞춰 적응한 생물은 살아남고 그렇지 못한 생물은 멸종할 확률이 높지요.

지구가 아무리 변덕을 부려도 기죽지 않고 지금까지 살아남은 생물도 있어요. 상어나 악어가 바로 그 주인공이에요. 상어는 3억 5천만 년 전 모습 그대로, 악어는 2억 년 전 모습 그대로 있어 '살아있는 화석'이라 불린답니다.

그런데 지구의 환경이 아주 크게 변해서, 그러니까 지구의 생물들이 적응할 시간도 없이 변할 때에는 어쩔 수 없이 많은 생물이 한꺼번에 사라지기도 해요. 이걸 대멸종이라고 합니다. 지구에서는 지금까지 5번의 대멸종이 있었어요.

바퀴벌레야, 비법을 말해 봐!

어떤 비법이 있어야 멸종하지 않고 살아남을까요?

첫째 빨리 움직일 수 있어야 해요. 위험이 닥쳤을 때 재빨리 피해야 하니까요.

둘째 짧은 시간 동안 자손을 많이 낳아서 번식할 수 있어야 해요.

셋째 다양한 먹이를 먹을 수 있어야 해요. 그래야 먹이 하나가 사라져도 다른 것을 먹으며 살 수 있지요.

넷째 더 넓은 지역에 퍼져서 살수록 유리해요. 지진이 나거나 화산이 폭발해 한 지역에 사는 동물이 다 죽어도 다른 지역에 사는 같은 동물들은 여전히 살아남을 수 있으니까요. 반대로 섬처럼 고립되어 있는 곳에만 사는 동식물은 멸종하기가 쉬워요. 종류가 적어서 한 종류가 멸종하면 그것을 먹고 사는 다른 생물까지 멸종해버리죠. 또 위험이 닥쳐도 도망갈 곳이 없기도 하고 새로운 생물이 들어와 살게 되면 경쟁에서 질 확률도 높아요.

> **바퀴벌레 생존 수칙**
> 땅이 위험하면 날개로 날아서 위험을 피할 것!
> 자손은 최선을 다해 많이 낳을 것!
> 더럽고 초라한 집이라도 만족하며 살 것!
> 가리지 않고 다 먹어치울 것!
> 먹이가 없는 배고픈 시기엔 번데기로 버틸 것!

이 모든 조건을 갖추고 먼 옛날부터 지금까지 살아남은 생물이 있어요. 그것은 바로 바퀴벌레!
바퀴벌레는 3억 4천만 년 전부터 지금까지 지구에서 살고 있어요. 사람이 나타나기 3억 년 전, 공룡이 나타나기 1억 5천만 년 전부터 바퀴벌레가 지구에 있었던 거예요. 바퀴벌레가 이렇게 번성할 수 있었던 것은 환경의 변화에 재빠르게 맞춰서 진화했기 때문입니다.

공룡은 어디로 갔을까요?

"어휴, 소문 들었어요, 소문?"

"무슨 소문이요?"

"어마어마하게 큰 운석이 지구에 떨어져서 모든 공룡이 다 죽을 거래요."

"호호호. 운석이라뇨? 그렇게 큰 운석이 다가오고 있으면 무슨 소리라도 들려야 할 거 아녜요? 그리고 운석이 아무리 크다 해도 우리 공룡들이 얼마나 강한데 끄덕이나 하겠어요? 아무 문제도 없을 거예요."

"그렇군요. 걱정하지 말고 낮잠이나 마저 자야겠네요."

그러나 불행하게도 이 소문은 사실이었어요.

공룡은 그때까지 지구에 나타난 동물 가운데 가장 힘이 세고 몸집도 거대했어요. 다른 동물들은 공룡을 피해 숨어 살아야 했어요.

공룡은 위풍당당하게 지구를 누볐죠.

그런데 6,500만 년 전에 갑자기 공룡이 사라져버렸어요. 지름이 10km되는 거대한 운석이 무시무시한 속도로 지구에 떨어졌거든요. 그 충격 때문에 땅이 갈라지고 화산들이 폭발했어요. 땅속에서는 엄청 뜨거운 마그마가 쏟아져 나왔어요. 바다에선 수백 미터의 높은 파도가 육지를 덮쳤습니다. 운석과 마그마가 뿜어내는 열은 엄청난 양의 수증기를 만들었고 육지에선 어마어마한 흙먼지가 공중으로 떠올랐어요. 하늘을 뒤덮은 먼지와 수증기는 오랫동안 햇빛을 막고 산성비를 내리게 했지요.

운석이 떨어지기 전 지구는 얼음이 얼지 않을 정도로 따뜻했었어요. 그러나 운석이 떨어지고 오랫동안 햇빛을 받지 못한 지구의 온도는 영하 40℃까지 내려갔습니다. 이토록 큰 기온의 변화에 적응할 수 있는 생물은 거의 없었어요. 햇빛도 못 받고 산성비가 쏟아지니 식물은 물론, 식물을 먹고살던 초식동물이 죽어갔어요. 초식동물이 사라지자 초식동물을 먹고살던 육식동물도 사라지기 시작했고요.

결국 1억 6천 5백만 년 동안이나 지구에서 살아온 공룡은 사라지고 말았어요. 무시무시한 이빨을 가진 공룡의 왕 티라노사우루스도, 튼튼한 갑옷을 가진 안킬로사우루스, 바닷속에 살던 모사사우루스와 하늘의 지배자 프테라노돈도 자연의 엄청난 변화를 이길 수 없었어요.

산성비가 바닷물에 섞이고 햇빛도 비치지 않아서 플랑크톤과 바다 식물들이 멸종했어요. 이때 뾰족뾰족한 잎을 가진 소나무와 고사리 같은 식물도 대부분 함께 멸종했습니다.

이렇게 해서 공룡과 함께 동식물의 85%가 함께 사라졌어요.

대멸종은 지구의 환경이 갑자기 아주 크게 변할 때 일어나요. 갑작스러운 환경의 변화는 지구에 살고 있던 생물들에게 너무나 큰 위기였지요. 많은 생물이 변화를 이기지 못해 한꺼번에 멸종해버렸어요. 지구에서는 지금까지 다섯 번의 대멸종이 있었고 공룡의 멸종은 지구에 일어났던 다섯 번째 대멸종이랍니다.

무시무시한 대멸종

첫 번째 대멸종은 약 4억 5천만 년 전에 일어났어요. 지구에 갑자기 추위가 찾아와서 동식물의 56%가 사라졌어요.

두 번째 대멸종은 약 3억 5천만 년 전에 일어났어요. 우주를 떠돌던 운석이 지구에 떨어졌어요. 강에 살던 물고기 가운데 80%가 사라졌고 많은 양서류도 멸종했어요.

세 번째 대멸종은 가장 무서웠어요. 약 2억 5천만 년 전 흩어져 있던 대륙들이 움직여서 하나의 거대한 대륙(판 게이아)이 되었어요. 그러자 대륙 사이에 있던 바다가 사라졌고 그 속에 살고 있었던 바다 생명체들도 함께 사라졌어요. 또 바닷가였던 땅이 육지 깊숙한 곳으로 들어오고 심지어 사막으로 변하기까지 했어요. 그 땅에 살던 생물들도 살아남지 못하고 사라졌어요.

그러더니 이번엔 그 땅이 푹, 하고 땅속으로 가라앉아 버렸어요. 땅에 거대한 구멍이 생기면서 뜨거운 마그마가 지구를 덮었지요.

육지가 모두 붙어 있어서 생물들은 도망갈 곳도 없었어요. 거기에다 시베리아 화산까지 폭발해서 자그마치 2km 두께의 마그마가 한반도의 7배나 되는 크기의 땅을 덮어버렸어요. 마그마에서 뿜어져 나오는 열과 해로운 가스 때문에 지구는 순식간에 뜨거워졌어요. 이때까지 요리조리 위험을 피하며 살아오던 삼엽충도 그만 두 손을 들어버렸고, 커다란 곤충과 많은 파충류가 멸종했어요. 숲은 사라지고 지구는 더 이상 생명이 살 수 없을 것 같은 땅으로 변했어요. 지구 전체에 살고 있던 생물 가운데 90~95%가 사라진 이 사건을 페름기 대멸종이라고 합니다.

네 번째 대멸종은 약 2억 년 전에 일어났어요. 우주에서 날아온 운석이 지구와 충돌했어요. 다행히 비교적 피해가 덜해서 흙먼지가 높게 치솟고 큰 불이 난 정도에 그쳤어요. 그래도 생물의 30% 정도가 사라졌답니다. 운석이 떨어진 구덩이가 지금도 캐나다 퀘벡 주에 남아 있어요. 구덩이의 지름은 자그만치 150km나 된다고 해요.

다섯 번째 대멸종은 앞에서 얘기한 공룡 시대에 벌어진 대멸종이에요. 약 6,500만 년 전에 일어났어요.

지구의 환경이 크게 변할 때면 애써 자란 숲은 사라지고 씩씩하게 살던 생물들은 멸종하는 슬픈 일이 일어나요. 그렇지만 생명은 강해요. 위기를 겪고 살아남은 생명체들은 새로운 보금자리를 만들었어요. 새 환경에 맞는 새 생물들이 태어나서 또다시 떠들썩한 지구를 만들어갔습니다.

가장 빠르고 무서운 멸종이 다가온다

다섯 번의 대멸종이 지나가고 지구에 다시 평화가 찾아왔어요. 공룡이 사라진 지구에는 작은 파충류와 포유류가 제 세상을 만난 듯이 활기차게 살기 시작했지요. 최초의 인류인 오스트랄로피테쿠스도 등장했습니다. 그 뒤로 지금까지 지구의 생물들은 아무 일 없이 잘 지내고 있는 것 같았습니다.

그런데 쉿! 지금 이 순간 지난 다섯 번의 대멸종보다 더 무서운 여섯 번째 대멸종이 일어나고 있어요. 이 멸종은 지구 역사상 가장 규모가 크고 속도 또한 빨라요. 앞으로 50년 안에 생물종의 약 4분의 1이 사라질 위기에 처해 있다고 합니다. 지금도 하루에 100여 종의 생물이 사라지고 있어요.

지구에 운석이 날아와서 갑자기 기온이 낮아진 것도 아니고, 큰 지진이 일어나서 땅이 쩍쩍 갈라지고 숲이 통째로 사라진 것도 아닌데 왜 이런 대멸종이 일어나고 있는 것일까요?

놀라지 마세요. 여섯 번째 대멸종은 바로 사람 때문입니다.

사람은 4만 년 전에 지구에 살기 시작했어요. 그때 사람의 수는 약 1천 만 명 정도였어요. 그런데 지금 전 세계 인구는 60억이 넘지요. 인구가 늘어날수록 더 많은 집과 먹을거리가 필요해졌어요. 사람들은 자신들이 살 곳을 마련하기 위해 숲을 없애고, 먹을 것을 마련하기 위해 동물과 물고기를 잡았어요. 사람에게 위험하다 싶은 늑대나 호랑이 같은 동물들은 모두 없애려고 했고요.

뿐만 아니라 때로는 예쁜 깃털이나 가죽을 갖고 싶어서, 또 단순히 재미삼아 동물을 사냥하기도 했습니다.

사람들의 욕심은 끝이 없어요. 지구의 모든 것을 차지하고 싶어하지요.

힘이 없는 동식물들은 점점 사라지고 있어요. 살 곳과 먹이를 잃은 동물도 있고 사냥감이 된 동물도 있어요. 또 어떤 동물은 사람들이 다른 곳에서 데려온 낯선 동물이나 식물 때문에 병에 걸려 죽기도 했고요. 어느 날부터인가 보이지 않는 동물들이 자꾸만 늘어갑니다.
더 무서운 일은 지구의 환경이 또다시 변하고 있다는 거예요. 지구의 온도가 점점 더 높아지고 있어요. 지구가 점점 더 따뜻해지면 예측할 수 없는 큰 환경 변화가 찾아올지도 몰라요. 그러면 다른 동식물은 물론이고 사람에게도 끔찍한 위기가 찾아오겠죠.
사람도 지구에서 살아가고 있는 생명체입니다. 지구는 모든 생명체에게 공평하답니다. 위험이 찾아오면 사람도 피할 수 없어요.

우리 어디로 가지?

위험 신호!
레드 리스트의 비밀

멸종했거나 멸종할 위험이 있는 동식물의 목록은 누가 정해서 관리하고 있을까요? 우리나라에서는 환경부가 야생 동식물을 보호하고 있어요. 야생동식물보호법에 따라 멸종 위기에 놓인 야생 동식물을 Ⅰ·Ⅱ급으로 나누어 관리하고 있지요.

우리나라는 국제자연보호연맹(IUCN) 가입국이에요. 스위스에 본부를 둔 IUCN은 전 세계의 자원 및 자연보호를 목적으로 하는 국제기구랍니다. IUCN에 가입한 정부와 단체들은 여러 국제 협약을 통하여 야생 동식물의 멸종을 막으려 애쓰고 있어요.

IUCN은 지구상에서 멸종 위기에 처한 동식물들의 상황을 계속 조사하여 2~3년마다 '멸종 위기에 처한 동식물 보고서'를 발표합니다. 보고서의 표지에 위험 신호를 뜻하는 빨간색을 사용한 데서 '레드 리스트' 라는 별칭이 붙었지요.

레드 리스트에서는 특별한 관심이 필요한 동식물을 멸종 직전종, 멸종

우려종, 위급종 등으로 구분하고 있어요.
우리나라에서 멸종 위기 동식물을 지정할
때에도 레드 리스트를 참고한답니다.
2007년 9월에 IUCN이 발표한 레드 리스트에
따르면, 전 세계 생물 가운데 1만 6천여 종이
멸종 위기에 처한 것으로 확인되었다고 해요.
바다에 사는 산호는 2007년 처음으로 레드
리스트에 이름을 올렸어요.
산타카탈리나섬방울뱀은 새로 레드 리스트에
이름을 올린 생물 중에서도 가장 심각한 멸종
위험에 처해 있다고 하고요. 2002년 이후
모습을 드러내지 않고 있는 양쯔강돌고래는
멸종 직전종으로 분류되었습니다.
이밖에도 많은 생물의 이름이 레드 리스트에
적혀 있어요. 잘못하다간 이들 모두가
사라질지도 모릅니다.

2007년 현재 멸종 위기에 놓인 생물의 수 (레드 리스트 참고)

포유류	1,094
조류	1,217
파충류	422
양서류	1,808
어류	1,201
곤충	623
연체류	978
갑각류	460
산호	5
기타 무척추동물	42
이끼류(선태식물)	79
양치류	139
겉씨식물	321
쌍떡잎식물	7,121
외떡잎식물	778
홍조류	9
지의류	2
버섯	1
갈조류	6
합계	16,306

책 속에서만 볼 수 있는 동물들

아주 특별했던 새, 도도

사람들에게 처음 멸종의 위험을 알려준 건 도도라는 새입니다.
도도는 약 300년 전에 인도양의 모리셔스 섬에 살았어요. 동화
《이상한 나라의 앨리스》에도 도도가 나와요. 도도는 몸집이 아주
크고 부리는 툭 튀어나온 재미있는 생김새를 하고 있어요.
그런데 지금은 도도의 모습을 그림으로밖에 볼 수 없습니다. 도도는
사람들에게 '동물들이 사라지고 있어요' 라고 경고하고는
멸종되었으니까요. 도도의 슬픈 이야기를 들어보세요.

16세기 초 유럽의 뱃사람들은 바다 건너에 뭐가 있을까 궁금해서 높은 파도를 헤치고 멀리멀리 나아가기로 했습니다.

사나운 비바람에 돛대가 흔들렸고, 높이 솟아 오른 물기둥에 온몸이 다 젖을 때도 있었어요.
"저기 땅이 보인다!"
뱃사람들이 발견한 땅은 바다 한가운데 있는 섬이었어요.
지친 뱃사람들은 그 섬의 은빛 모래 위로 발을 내디뎠지요. 그런데 이것이 도도에게 불행의 시작이 될 줄은 아무도 몰랐답니다.
섬의 울창한 나무 사이를 조심조심 걸어가고 있는 뱃사람들 앞에 처음 보는 신기한 동물이 나타났어요.
75cm 정도의 키에, 다리는 짧고, 부리는 엄청 크고, 날개는 너무 작아서 우스꽝스런 모습을 한 새였어요. 그 새는 사람들 손에 들린 총이 무섭지도 않은지 뒤뚱뒤뚱 다가왔어요.
사람들은 그 새의 이름을

'도도'라고 지었어요. 도도는 포르투갈 말로 '바보'라는 뜻이었거든요. 도도는 날개가 있는 새인데 날지도 못하고 사람들을 겁내지도 않는 바보 같았어요.

도도가 살던 모리셔스 섬은 육지나 다른 섬에서 멀리 떨어져 있는 곳이었어요. 섬 식구들은 아무의 방해도 받지 않고 평화롭게 살 수 있었지요. 모리셔스 섬에는 다른 동물을 잡아먹는 육식동물도 없어서 도도는 겁낼 것이 없었습니다. 땅에 떨어진 과일을 배부르게 먹고 어슬렁어슬렁 마음껏 섬을 돌아다녔어요.

뱃사람들은 모리셔스 섬이 마음에 들었어요. 긴 바다 여행 중에 쉬어갈 곳이 생겼으니까요. 먹을 것도 얻고 망가진 배도 수리하고요.

무엇보다 마음에 드는 건 도도였어요. 도도는 바보 같아서 쉽게 잡을 수 있었으니까요. 막대기로 나무를 통통 치면 '무슨 일이 있나?' 하고 도도들이 몰려왔지요. 그러면 얼른 잡아서 맛있게 요리하면 끝! 도도는 고기가 필요한 뱃사람들에게 딱 맞는 음식이었어요.

시간이 더 흐르자 사람들은 아예 모리셔스 섬에 들어와 살기 시작했습니다. 사람들은 이곳에 집을 짓고 육지에서 키우던 돼지나 원숭이를 데려왔어요. 그리고 반갑지 않은 손님, 배에 몰래 타고 있던 쥐들도 사람들을 따라왔습니다.

돼지와 원숭이, 쥐들은 먹을 것을 찾아 숲을 뒤졌어요. 그러다 도도의 알을 발견했어요.

"이게 웬 떡이야?"

섬 곳곳 땅 위에 그냥 놓여 있는 도도의 알은 정말 맛있는 먹이였지요.

이렇게 해서 도도의 수는 빠르게 줄어들었습니다. 평화롭게만 살아온 도도는 사람들의 사냥과 다른 동물의 공격을 당해낼 수가 없었어요. 사람이 섬에 들어온 지

약 100년이 지나자 모리셔스 섬에서 도도는 거의 보이지 않게 되었어요. 그리고 마침내 1681년 마지막 도도가 죽고 말았답니다. 사람들은 다시는 도도 같은 새를 발견할 수가 없었어요. 도도는 모리셔스 섬에서만 살았던 아주 특별한 새였으니까요.

외딴 섬에는 도도처럼 독특한 생물이 많아요. 육지에서 떨어져 수백만 년 동안 살아왔기 때문에 육지생물과는 다른 모습으로 진화했어요. 섬에 사는 새나 동물의 그림을 본다면 "세상에, 이렇게 희한하게 생긴 생물이 있다니!" 하고 놀랄 수도 있어요.

그 중에는 키가 사람 허리까지밖에 안 오는 작은 코끼리도 있고, 생쥐처럼 작은 여우원숭이도 있어요. 또 날지 못하는 큰 부엉이나 가장 큰 새로 알려진 코끼리새도 있지요. 사람들이 항해를 시작하고 섬을 하나씩 하나씩 방문할 때마다 이런 독특한 생물들이 사라져갔어요.

섬에서는 생물들이 멸종하는 속도가 아주 빨라요. 섬의 고립된 환경에서 한결같은 생활을 하던 섬의 생물들은 사람들의 침입을 받아들일 만한 능력을 갖추지 못했어요. 사람을 따라온 고양이나

쥐도 큰 위협이 되었지요.

섬에서는 하나가 멸종하면 다른 하나도 따라서 멸종하기 쉬워요.
도도와 카바리아 나무는 뗄 수 없는 단짝이었어요. 도도가 카바리아
나무의 열매를 먹고 돌아다니면 열매는 뱃속에서 소화가 되고
씨앗은 똥으로 나와요. 카라비아 나무는 도도 덕분에 씨앗을
여기저기에 퍼뜨릴 수 있었어요. 도도가 사라지고 나자, 씨앗을
퍼뜨릴 수 없게 된 카바리아 나무도 뒤따라
사라져 버렸답니다.

그 많던 도도새가 모두 어디로 간거야?

아름다운 것도 죄가 되나요?

복슬복슬한 하얀 털을 가진 귀여운 강아지를 보면 기르고 싶은 생각이 들어요. 맑은 목소리로 찌르찌르 노래하는 새를 보면 집에 두고 매일 아침 노랫소리를 듣고 싶다고도 생각해요. 이처럼 예쁘고 멋진 것을 보면 갖고 싶어하는 사람들의 욕심 때문에 괴롭힘을 당하고 사라진 동물들도 있어요.

브라질 카팅카에는 스픽스마코앵무가 살았어요. 선명한 파란 깃털을 가진 이 새는 전 세계 조류 수집가들이 가장 가지고 싶어 했던 새였어요. 스픽스마코앵무는 상상을 넘는 비싼 가격에 팔렸지요. 스픽스마코앵무를 팔면 큰 돈을 벌게 된다는 걸 알게 된 밀렵꾼들은 갓 태어난 앵무의 새끼까지 몽땅 잡아서 팔았습니다. 그러나 스픽스마코앵무가 전 세계에서 오직 카팅가라는 작은 마을에만 살고 있다는 것은 알지 못했지요.

새들은 아주 예민해요. 만약 10마리를 잡아서 상자에 가두면 그 중에서 5마리가 좁고 더러운 상자 속에서 죽고, 4마리는 배나 비행기를 타고 이동하는 동안 죽는답니다. 결국 새 1마리를 기르기 위해 9마리의 새를 죽이는 셈이에요.

이렇게 해서 스픽스마코앵무는 순식간에 멸종 위기에 처했습니다.

1990년대가 되어서야 사람들은 스픽스마코앵무를 살리기 위해 나섰어요. 완벽한 시설의 사육장에서 알을 부화하고 새끼를 키웠습니다. 하지만 이렇게 인공적으로 태어난 새끼는 번식능력이 없거나 기형이었어요.

오랜 노력 끝에 한 쌍의 스픽스마코앵무를 야생으로 돌려보내는 데 성공했지만 곧 암컷이 죽고 말았답니다. 단 한 마리만 남아 있던 수컷 스픽스마코앵무는 10년 동안 외롭게 혼자 살아가다가 어느 날 갑자기 사라져버렸어요. 10년 동안이나 노력했지만 사라져가는 생명을 다시 살리기에는 부족했던 거예요. 결국 2001년 야생 스픽스마코앵무는 멸종되었답니다.

이런 슬픈 일이 작은 새들에게만 일어난 것은 아니었어요. 동물의 왕이라는 사자, 그 중에서도 가장 크고 늠름한 바바리사자도 같은 일을 겪어야 했어요.

바바리사자는 다른 사자들보다 덩치도 더 크고 아름다운 금색 갈기털이 머리에서 등까지 덮여 있는 멋진 동물이었어요. 이런 동물이 어쩌다가 사라져버린 걸까요?

기원전 6세기에 세계에서 가장 강한 나라는 로마였어요. 로마는 아프리카와 전쟁을 해서 승리했어요. 로마는 이 승리를 축하할 기념품으로 강하고 멋있게 생긴 바바리사자를 선택했어요. 이렇게 강하고 멋진 동물이 사는 나라를 정복했다는 것을 자랑하려고 한 거예요.

수백 마리의 바바리사자가 로마로 끌려갔어요. 그리고 거대한 원형경기장으로 보내졌지요. 경기장 안에는 수십만 명의 로마시민이 구경을 나와 있었어요. 창과 칼로 무장한 검투사와 늠름하고 아름다운 바바리사자의 결투를 보기 위해서였지요. 바바리사자가 죽을 때까지 결투는 계속되었고 수백 마리의 바바리사자가 검투사의 창칼에 죽었답니다.

아프리카에 남아 있던 바바리사자에게도 시련이 닥쳐왔어요. 바바리사자가 살던 아프리카의 초원이 점점 사막으로 변해갔으니까요. 물이 있고 먹이가 많아서 살기 좋은 곳은 사람들이 다 차지해 버려서 바바리사자는 살 집을 잃어버렸어요. 먹이를 찾아, 또 사람들에게 쫓겨서 바바리사자는 점점 좁고 험한 산으로 떠나야 했습니다.

아프리카 모로코의 아틀라스 산맥은 너무나 높고 바위가 울퉁불퉁

튀어나온 위험한 곳이라 사람들이 접근할 수 없었어요. 얼마 남지 않은 바바리사자는 이곳에서 숨죽여 살았답니다.
하지만 그것도 잠깐이었어요. 아틀라스 산맥을 조사하려는 탐험가와 과학자, 지하자원을 캐내려는 사업가와 사냥꾼이 아틀라스 산맥으로 몰려들었습니다.
1922년 아틀라스 산맥에 남아 있던 마지막 바바리사자가 사냥꾼의 총 앞에 쓰러지고 말았습니다. 아름다운 금빛 갈기털을 날리던 동물의 왕 바바리사자가 영원히 사라져 버렸어요.

무섭게 생겨서 미움받은 주머니늑대

사람에게는 이상한 마음이 있나 봐요. 겉모습이 예쁘고 멋지게 생긴 동물은 성질도 온순하고 사람을 잘 따를 거라고 생각하고, 무섭거나 흉하게 생긴 동물은 사람에게 해를 끼친다고 생각하는 경향이 있지요.

슬프게도 겉모습 때문에 사람들에게 오해를 받아 멸종한 동물이 있답니다. 바로 오스트레일리아의 남쪽 태즈메이니아 섬에 살았던 주머니늑대예요.

주머니늑대는 참 신기하게 생겼어요. 얼굴은 늑대를 닮았고 등에는 호랑이처럼 줄무늬도 있어요. 주머니늑대는 네 다리로 걸어다닐 수도 있고 캥거루처럼 두 뒷발로 뛸 수도 있었습니다. 몸에는 주머니가 달려 있어서 캥거루처럼 새끼를 주머니 속에서 키웠답니다.

주머니늑대는 나무가 띄엄띄엄 있는 숲이나 초원에 살고 있었어요.

주로 밤에 캥거루나 왈라비 같은 동물을 사냥했지요.
그런데 태즈메이니아 섬에 사람들이 들어오면서 주머니늑대는
깊은 숲으로 떠나야 했어요. 주머니늑대가 살던 초원에 사람들이
집을 짓기 시작했으니까요.
주머니늑대는 사람들이 무서워서 낮에는 몰래몰래 움직이고,
사람들이 잠든 밤에만 밖으로 나왔어요. 생긴 모습과 다르게 겁이
많았나 봐요.
그렇지만 사람들이 주머니늑대의 먹이인 왈라비와 캥거루를 많이
잡아서 굶는 날이 많아지면서 주머니늑대는 먹이를 찾아 사람들이
사는 마을로 내려와야 했어요.
한 번, 두 번 마을에서 양을 잡아먹는 일이 많아지자 결국
주머니늑대는 사람과 딱 마주쳤지 뭐예요.
"으악! 괴물이다!"
처음 주머니늑대를 본 사람들은 입을 떡 벌리고 다리를 달달
떨었어요. 주머니늑대는 마치 저승에서 온 괴물처럼 보였거든요.
사람들은 주머니늑대를 무조건 없애야 된다고 했지요.
"세상에, 그렇게 무섭게 생긴 동물은 처음 보았어요."

"나중에는 사람도 잡아먹을지 몰라요."
사람들의 오해는 자꾸만 부풀어올랐습니다.
게다가 주머니늑대는 이런 억울한 말도 들어야 했어요.
"주머니늑대는 사람 피를 빨아먹는대."
겁에 질린 사람들이 주머니늑대를 보이는 대로 사냥해서

주머니늑대의 수는 점점 줄었어요. 마침내 1936년 마지막 주머니늑대가 호바트 동물원에서 죽고 말았답니다.

아이아이원숭이는 악마를 닮았대

난 마다가스카르 섬에 살았던 아이아이원숭이야.
나는 나무 위에서만 살아. 사실 겁이 많아서 사람들이 다 잠든 밤에만 살그머니 움직이는 야행성 동물이란다.
내 손가락은 가늘고 길어. 밤이면 나무 안에 숨어 있는 벌레를 긴 손가락으로 쏙 빼서 먹지. 그럼 낮에는 뭘 하냐고?
꼬리로 몸을 동그랗게 말고는 나무 위에서 잠만 자.
그런데 우리와 같이 마다가스카르 섬에 사는 원주민들은 우리를 무서워했어.
몸의 털이 검고 눈이 붉은 우리 모습이 악마를 닮았다나?
우리가 손가락으로 어떤 사람을 가리키면 죽게 된다나?
원주민들은 우리만 보면 재수 없는 일이 생긴다며 닥치는 대로 우리를 마구 죽였어. 우린 사람들이 더 무서웠는데 말이야.
너희가 보기에도 우리가 그렇게 무서워 보이니?
얼마 지나지 않아 우린 마다가스카르 섬에서 사라질 위기에 처하고 말았단다. 흑흑.

많다고 함부로 해치면 안돼!

하늘이 깜깜해졌어요. 어디선가 검은 구름이 몰려와 하늘을 새까맣게 덮었어요. 햇빛 한 줄기도 검은 구름을 뚫고 나오지 못했어요. 밭에서 일을 하던 사람들은 고개를 들고 하늘을 쳐다보았어요. 정체를 알 수 없는 검은 구름은 계속 움직였고 하늘에선 갑자기 비가 마구 내렸어요. 투두둑, 투두둑.
"으악, 이게 뭐야. 새똥이잖아!"
사람들은 새똥 비를 피해 집으로 달려갔어요. 그 검은 구름의 정체는 바로 여행비둘기였어요.
19세기 초 북아메리카에는 50억이라는 엄청난 수의 여행비둘기가 살고 있었어요. 역사상 가장 많은 수의 새였지요.
여행비둘기는 몸길이가 약 43cm정도로 비둘기 중에서는 꽤 큰 편이었어요. 수컷의 등은 청회색, 가슴은 적갈색이었고, 암컷의 등은 담갈색, 배는 회색을 띠고 있었어요. 눈은 보석 같은

오렌지색이었고요.

여행비둘기는 1년에 두 번 여행을 했어요. 봄에는 북아메리카 대륙의 북쪽으로 가고, 가을이 되면 따뜻한 남쪽 멕시코 연안으로 날아가 겨울을 보냈지요. 여행비둘기들의 여행은 굉장했어요. 50억 마리가 하늘을 날아간다고 생각해 보세요. 여행비둘기 무리의 길이가 약 400km, 서울에서 부산까지의 거리만큼 되었다니까요. 그렇게 몇 시간이고 하늘은 새들로 덮여 있었어요. 해가 사라져버린 것처럼 깜깜해진 채로요.

여행비둘기는 큰 무리를 만들어 함께 다녔기 때문에 나무 한 그루에 100마리씩 둥지를 만들 때도 있었지요. 그러면 굵은 나뭇가지도 무게를 견디지 못하고 뚝뚝 부러졌어요. 나무 아래에는 여행비둘기 똥이 떨어져서 4cm나 쌓이고 그 아래 풀은 모두 말라죽었어요. 또 여행비둘기는 너도밤나무나 은행나무의 열매를 좋아해서 전부 먹어치웠어요. 결국 여행비둘기들이 다녀간 나무는 가지와 잎이 다 떨어지고 점차 메말라갔지요.

여행비둘기들이 내는 소리도 엄청났어요. 몇백 마리, 몇천 마리의 여행비둘기가 울 때면 귀가 펑 터져버리는 기분이었답니다.

사람들은 여행비둘기에게 화가 났어요. 여행비둘기들이 머무르고 간 숲은 몽땅 황폐해졌거든요. 여행비둘기들은 사람이 키우는 돼지가 먹어야 할 나무 열매도 다 먹어버리고, 때로는 애써 가꾼 밭의 농작물도 몽땅 망쳐놓았어요.

"이대로는 안 되겠어. 저 어마어마한 비둘기떼가 우리 농사를 다 망쳐버릴 거야."

그때부터 여행비둘기 사냥이 시작되었습니다. 여행비둘기가 날아갈 때 머리 위로 총을 한 방 쏘면 몇십 마리가 떨어졌어요. 나무에 끈끈이를 붙여 두면 다음날 몇백 마리가 잡혔고요.

여행비둘기는 쓸모가 많았어요. 먹을 게 부족한 사람들에게 여행비둘기는 좋은 음식이 되었어요. 깃털은 따뜻한 이불과 옷을 만드는 데 쓰였고요.

그래도 여행비둘기는 여전히 많았어요. 날마다 수만 마리씩 잡아도 여행비둘기는 어디선가 계속 날아왔어요. 몇십 년 동안 사람들은 여행비둘기를 사냥해서 고기와 깃털을 빼앗았습니다.

그러던 어느 날 현명한 인디언들이 경고했어요.

"그렇게 사냥을 계속하다간 얼마 뒤엔 여행비둘기들을 볼 수 없을 거요. 그러니 더 이상 여행비둘기를 잡지 말아야 합니다."
"별 우스운 소리를 다 듣겠군. 당신은 저 새까맣게 몰려다니는 여행비둘기가 안 보이나? 여행비둘기는 내가 아주 어렸을 때도 그랬고 지금도 여전히 셀 수 없이 많다고."
"맞아요. 창밖만 내다 봐도 지붕마다 나뭇가지마다 새들이 앉아서 까맣게 뒤덮고 있잖아요."
사람들은 인디언의 말을 비웃었어요.
하지만 인디언이 경고한 일이 곧 다가오고야 말았어요.
여행비둘기의 수가 눈에 띄게 줄어든 거예요. 깜짝 놀란 사람들은 그제서야 여행비둘기 사냥을 금지했지만, 무슨 일인지 여행비둘기의 수는 계속 줄어들었지요.
1907년 마지막 야생 여행비둘기가 총에 맞아 죽었어요. 그리고 1914년에는 동물원에서 태어나 키워진 '마사'라는 여행비둘기가 죽었지요. 마사는 마지막 남은 단 한 마리의 여행비둘기였어요.
'마사'라는 이름은 미국의 초대 대통령인 조지 워싱턴의 부인 마사 워싱턴의 이름에서 따온 것이었어요. 그만큼 마사는 사람들에게 많은 사랑을 받았지요. 하지만 어느 날 마사는 갑자기 나뭇가지에서 떨어져 죽고 말았어요. 50억이나 되던 여행비둘기가 어떻게 100년 만에 한 마리도 남지 않고 몽땅 사라져버렸을까요? '여행비둘기는 셀 수 없이 많으니까 좀 없어져도 괜찮을 거야.'라고 생각한 것이 잘못이었어요. 여행비둘기같이 큰 무리를 만들어 움직이는 새들은 수가 줄어들면 먹이를 찾는 데 힘이 들어요. 적은 수로는 짝짓기를 잘 할 수가 없어서 새끼를 낳지도 못하죠. 그래서 수가 한번 줄기 시작하면 그 뒤에는 점점 줄어드는 속도가 빨라져요.

한때는 너무 많아서 하찮게 여겼던 여행비둘기가 이제는 다시는 볼 수 없는 전설의 새가 되었답니다.

혼자 남은 외로움을 누가 알리요!

괌과일박쥐는 정말 맛있었을까요?

서태평양의 남쪽에는 괌이라는 섬이 있어요. 괌은 푸른 바다가 있고 울창한 숲이 있고 맛있는 과일이 가득한 아름다운 곳이에요.
사람들이 이 섬을 몰랐을 때 섬에 있는 과일의 주인은 괌과일박쥐였어요.
괌과일박쥐의 얼굴은 여우를 닮았어요. 몸길이는 36cm 정도이며 큰 날개는 길이가 1m나 되었지요. 괌과일박쥐는 수천 마리씩 무리를 지어 숲에 살고 있었어요. 낮에는 나무에 거꾸로 매달려 잠을 자다가 밤이 되면 달콤한 과일이 있는 곳으로 날아가요. 그리고 쪼옥쪼옥 배가 터질 만큼 과일을 먹고 집으로 돌아오지요. 괌과일박쥐들은 천국에 살고 있는 것만 같았어요.
하지만 괌에 사람들이 찾아오면서 얘기가 달라졌어요. 아름다운 자연을 가진 괌은 유명한 휴양지가 되었고 해마다 많은 관광객이

책 속에서만 볼 수 있는 동물들

괌으로 몰려왔어요. 관광객들은 자기네 나라에는 없는 특이한 것을 보고 먹기를 바랐습니다.

괌과일박쥐들은 이제 숲에서 편안하게 잠을 잘 수 없었어요.

슬며시 다가온 사냥꾼들의 총이 불을 뿜을 때마다 괌과일박쥐들은 사라졌어요. 점점 더 많이.

1968년 섬에 있는 한 요리사가 멋진 요리 실력을 뽐내며 과일박쥐 요리를 만들었어요.

"손님, 괌에서만 맛볼 수 있는 과일박쥐 요리입니다. 맛있게 드세요."

"냠냠, 쩝쩝, 꿀꺽!"

그 뒤로 괌과일박쥐는 멸종했어요. 그게 마지막 남은 괌과일박쥐였거든요.

지금 전 세계에 남아 있는 과일박쥐는 약 60종 정도예요. 과일박쥐를 법으로 보호하고 있지만 신기한 음식을 먹고 싶어 하는 사람은 여전히 많아요. 해마다 많은 과일박쥐가 주변의 섬에서 괌으로 수입된다고 해요. 그리고 괌과일박쥐로 둔갑해서 식탁 위에 올라오지요. 하지만 그중에 진짜 괌과일박쥐는 한 마리도 없어요! 진짜는 모두 사라졌으니까요.

S.O.S!
사라지지 않게 도와주세요

호랑이 왕, 노총각 되다

아시아 대륙 깊은 산속에 용맹하고 날쌘 호랑이 왕이 살았습니다. 밤에 호랑이 왕이 사냥을 나설 때면 어찌나 빨리 달리는지, 눈 밝은 올빼미도 겨우 꼬리만 볼 수 있었대요. 또 소리는 얼마나 우렁찬지 호랑이가 귀를 지그시 뒤로 눕히고 "어흥" 하고 한 번 울부짖으면 떡갈나무의 도토리가 투두두둑 다 떨어졌다나요.

그러나 이건 다 옛말! 호랑이 왕이 요즘 달라졌어요. 예전처럼 열심히 사냥을 나가지도 않고 큰 바위 위에 앉아 하늘만 쳐다보는

날이 많아졌어요. 반지르르 윤기 나던 털은 빛이 바래고 날카롭던 발톱은 무뎌졌어요.

호랑이 왕이 변했다는 소문은 자꾸자꾸 퍼져나갔습니다. 결국 온 숲의 동물들이 다 알게 되었지요.

소곤소곤, 쑥덕쑥덕.

보다 못한 표범이 나섰어요.

"형님, 대체 왜 그러세요? 형님이 죽을 때가 다 되었다고 소문이 쫙 퍼졌어요."

호랑이 왕은 한숨을 푸욱 내쉬며 말했어요.

"아우, 지금이 겨울 아닌가? 짝짓기 철이란 말일세."

아하, 바로 그거였군요.

호랑이는 소복소복 눈 내리는 겨울에 결혼을 해서 봄이 되면 예쁘고 용감한 새끼들을 낳아요.

노총각 호랑이의 신부감을 찾습니다

이름	호랑이
본적	시베리아
키	240cm (꼬리는 빼고)
몸무게	300kg
나이	10살 (좀 많습니다. 헤헤)
직업	왕!
사는 곳	백두산 어딘가 아주 깊은 곳
좋아하는 음식	물소, 사슴, 말, 멧돼지 등등
취미	물속에서 물장구치기 (나 귀엽지?)
특기	높이뛰기 2m, 멀리 뛰기 5m
이상형	새끼 잘 낳고, 잘 키울 수 있는 암컷 호랑이
연락처	내 부하 중 아무에게나. 아훙!

호랑이 왕은 다시 말을 이었어요.

"내가 혼자 산 지 몇 해나 됐는지 아나? 해마다 겨울이면 짝을 찾아 백두대간 골짜기를 뛰어다녔다네. 하지만 도통 암컷 호랑이를 만날 수가 없었지. 암컷 호랑이는커녕, 새끼 호랑이 발자국도 찾을 수가 없었어. 아버지는 백두대간 줄기를 따라 호랑이들이 어디든 살고 있다고 하셨는데…. 도대체 우리 호랑이들은 다 어디로 간 걸까?"

다음날 숲은 호랑이 왕의 이야기로 또 시끄러워졌어요.

시끌시끌, 벅적벅적.

사슴도, 노루도, 멧돼지도, 토끼도 모두 모두 이 산 저 산으로 뛰어다녔어요.

"호랑이 왕의 신부감을 찾습니다!"

"예쁜 암컷 호랑이를 발견하면 연락주세요!"

온 산의 동물들이 모두 나선 '노총각 호랑이 왕 결혼 대작전!'은 성공할 수 있을까요? 그 많던 호랑이들은 대체 모두 어디로 꽁꽁 숨어버린 걸까요?

호랑이는 아시아의 산림에 사는 대표적인 동물이에요.

씩씩한 엄마 호랑이 수컷 호랑이는 짝을 지을 때만 암컷을 만나 1~2주 동안 함께 지내다 다시 떠나버려요. 암컷 호랑이는 혼자서 2~4마리의 새끼를 낳고, 갓 태어난 새끼 호랑이를 여우나 늑대가 물어갈까 봐 며칠에 한 번씩 굴을 옮겨 다녀요. 새끼 호랑이가 태어난 지 2개월쯤 되면 사냥 연습을 시켜요. 새끼 호랑이는 2살이 되면 완전히 독립을 한답니다.

아프리카에서 사자가 왕이라면 아시아에서는 호랑이가 왕이지요. 시베리아, 만주, 우리나라에 사는 호랑이를 시베리아호랑이라고 불러요. 시베리아호랑이는 호랑이 중에서도 몸집이 가장 크고 이마에 왕(王)자가 뚜렷하고 털이 탐스러워요. 커다란 물소나 사슴, 멧돼지를 앞발로 쿵 때려잡는 무시무시한 힘, 날카로운 어금니와 발톱, 모든 것이 동물 가운데 으뜸이라 '동물의 왕'이라 칭할 만하답니다.

함부로 건드릴 수 없는 동물이었기 때문에 사람들은 호랑이를 무서워하면서도 호랑이 가죽은 가지고 싶어 했어요. 구하기 힘든 호랑이 가죽을 가진다는 건 그만큼 돈이 많고 힘이 세다는 증거를 보여주는 것이니까요. 그래서 호랑이 가죽은 귀한 대접을 받았고 아주 비싼 값에 팔렸답니다.

우리나라의 호랑이는 특히 일본 강점기에 더 큰 위험에 빠졌어요.

우리나라에 호랑이가 많다는 소문이 퍼지자 세계 각지에서 사냥꾼들이 몰려와 호랑이를 마구잡이로 사냥했어요. 1915년부터 1942년 사이에 무려 141마리나 되는 호랑이가 죽었다는 기록도 있어요. 실제로는 더 많았을 테지요.

그 뒤에 6.25전쟁이 일어나 산이 황폐해지면서 살 곳과 먹이를 잃은 호랑이는 그 수가 점점 줄었어요. 결국 1946년 이후로 남한에서는 호랑이를 찾아볼 수가 없게 되었지요. 북한에서도 백두산 근처에 몇 마리밖에 남아 있지 않다고 해요.

위험에 처하기는 다른 나라의 호랑이도 마찬가지였어요. 광산을 만든다고 산을 파헤치고 목재를 얻기 위해 나무를 베어내서 호랑이가 살 곳이 사라졌습니다. 또 가죽을 얻으려고 호랑이를

죽이기도 했어요. 러시아에서는 호랑이의 먹이인 엘크, 우수리사슴을 마구 사냥해서 호랑이의 먹이가 줄어들었고 중국에서는 호랑이 뼈를 한약의 재료로 쓰기 위해 호랑이를 잡기도 했답니다.

한때는 백두대간 줄기를 누비며 우렁차게 "어흥" 하고 울부짖었던 동물의 왕, 호랑이! 우리 조상들은 호랑이를 산신이라고 생각하며 숭배했었지요. 또 옛 그림이나 옛날이야기 속에 등장하는 호랑이는 우리와 아주 가까운 사이였어요. 지금은 동물원에서밖에 볼 수 없는 존재가 되었지만 말이에요.

다시는 참치를 먹을 수 없다고?

바다는 지구 표면의 4분의 3을 차지할 만큼 아주 아주 넓어요. 셀 수 없이 많은 생물이 바다에서 살고 있지요. 물고기만 해도 무려 2만 5천여 종이 되어요. 바닷속 생물들에게는 바다 전체가 집이에요. 바다는 바다의 혜택을 받고 사는 모두의 것이에요.

그런데 최근 50년 동안 바다에서 물고기가 빠르게 사라지고 있대요. 2050년이 되면 바다생물의 90%가 멸종할 거라고 말하는 과학자도 있어요. 그때가 되면 밥상 위에서 고등어나 갈치 같은

생선을 찾아 볼 수 없을 거예요. 이런 일이 생긴 것은 사람들이
자기만 바다의 주인인 양, 물고기들을 마구 잡아들였기 때문이에요.
참치는 '생선회의 여왕'이라고 불릴 정도로 인기가 좋아요. 특히
일본 사람들은 참치를 얼마나 좋아하는지, 매년 50만 톤이 넘는
참치를 먹고 있어요. 유럽에서도 점점 소비량이 늘어나서
영국에서만 매년 600톤 정도의 참치를 먹는대요.
참치는 덩치가 커서 한 마리만 잡아도 큰 수익을 올릴 수가 있어요.
큰돈을 벌 수 있는 참치를 사람들이 그냥 둘 리가 없지요. 참치가
얼마나 남아 있는지는 생각하지 않고, 새끼를 낳고 키울 시간도
주지 않은 채 마구 잡아들였답니다. 태평양 먼 바다로 나간 배들은

길이가 수십 킬로미터나 되는 그물을 치고, 그 주위에 있는 참치를 마구 잡았어요.

참치는 바다 생태계의 꼭대기에 위치하는 생물입니다. 물벼룩 같은 동물성 플랑크톤은 바다 생태계 피라미드의 가장 아래쪽에 있는 식물성 플랑크톤을 먹고 살아요. 그 위에는 정어리 같은 작은 물고기가 있고요. 또 그 위에 작은 물고기를 먹는 참치 같은 큰 물고기가 있지요.

그런데 만약 참치가 사라지면 그 밑에 있는 모든 바다생물에게 영향을 미쳐요. 생태계는 연결되어 있어서 어느 한 단계의 생물의 수가 갑자기 줄어들면 전체가 뒤죽박죽이 되고 말아요. 게다가 참치는 태평양에서 대서양까지 먼 거리를 이동하며 생활하기

다랑어(참치)   정어리

참치 잡으려다 알바트로스 잡겠네! 긴 낚싯줄에 미끼를 걸어 참치를 잡는 바람에 바닷새들이 미끼를 먹으러 왔다가 낚시에 걸려 죽는 일도 일어나요. 알바트로스는 날개를 펼치면 몸길이가 2m나 되는 큰 새인데 그 깃털을 갖고 싶어 하는 사람들 때문에 멸종 위기에 빠졌어요. 그렇지 않아도 얼마 남지 않았는데 참치 사냥 때문에 더 큰 위험에 처했대요.

때문에 다른 바다 생물들보다 더 넓은 범위의 바다 생태계에 영향을 미칩니다.

뉴질랜드 원주민들에겐 이런 사냥의 법칙이 있대요.

"지금 사냥을 했다면 일주일 동안은 사냥을 하지 않는다. 일주일이 지난 뒤에도 멀리 떨어져 있는 곳에 가서 사냥을 한다."

자연에게 새 생명을 만들 시간을 주자는 것이지요.

동물성 프랑크톤   식물성 프랑크톤

  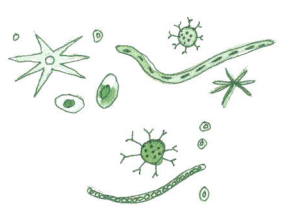

얼지 않는 북극 바다

"이봐, 버거가 또 나타났대."
"말썽꾸러기 녀석, 이번엔 정말 감옥에 가둬버려야지."
"겨울 사냥을 나갈 때가 됐는데 못 나가니, 저도 답답한 모양이야.
너무 화내지 말라고!"
버거는 3살 된 북극곰입니다. 며칠 전에도 마을에 내려와서
어슬렁거리는 녀석을 헬기에 태워 공원으로 돌려보냈는데, 그새 또
마을을 돌아다니고 있다고 합니다.
북극곰 감옥은 마을에 자주 들어오는 말썽꾸러기 곰들을
가둬두었다가 얼음이 얼 때 내보내는 곳입니다.

북극곰 보안 경찰인 닉은 하얀 털에 장난꾸러기같이 반짝이는 눈이 귀여운 버거에게 몰래 햄버거를 주곤 했습니다. 버거는 햄버거를 맛있게 받아먹었습니다. 그래서 '버거'란 이름이 붙었지요.

캐나다 허드슨 만 서쪽에 위치한 작은 마을 처칠은 '세계 북극곰의 수도'라고 불립니다. 북극해로 이어지는 마을의 앞바다가 얼면 북극곰들이 마을 근처로 모여들기 때문이에요.

북극에는 현재 2만 2천 마리 정도의 북극곰이 있습니다. 그 중에서 처칠 마을 부근에는 1,200마리 정도가 모여들어요.

북극곰은 봄과 여름에 와푸스크 국립공원에서 지내다가 10월이나 11월쯤 초겨울이 되어 바다가 얼기 시작하면 베링 해와 그린란드로 겨울사냥을 떠납니다. 얼음 위를 이리저리 다니며 '어디 포동포동 살찐 맛있는 바다표범이 없나?' 하고 살펴보지요. 바다표범들이 얼음에 구멍을 뚫고 숨 쉬러 올라올 때를 기다렸다가… 꿀꺽!

바다표범은 북극곰이 가장 좋아하는 먹이입니다.
하지만 해가 갈수록 바다가 어는 시기가 늦어지고 있어요. 날씨가 점점 따뜻해지고 있거든요. 바다가 얼어야 얼음 위를 돌아다니며 사냥을 할 텐데 바다가 얼지 않으니 북극곰은 굶어야 했어요. 그래서 배고픈 북극곰들이 처칠 마을에 내려와 쓰레기 매립장을 뒤지는 일이 늘었답니다.
따뜻한 날씨 때문에 북극의 빙붕도 녹고 있어요. 빙붕은 1년 내내 바다에 떠 있는 거대한 얼음덩어리를 말해요.
북극곰은 빙붕과 빙붕 사이를 헤엄쳐다녀요. 헤엄치다가 빙붕에서 잠깐 쉬기도 하고 빙붕 위로 올라온 먹이를 잡기도 하지요.
북극곰은 20km 정도는 거뜬히 헤엄칠 수 있는 수영의 명수랍니다. 그런데 빙붕이 녹으면 북극곰들이 헤엄치다가 쉴 곳이 없어져요.
지친 북극곰은 물에 빠져 죽고 맙니다.
처칠 마을의 북극곰도 1987년에 비해 수가 22%나 줄었어요.
이대로 가다간 2050년쯤 되면 멸종할지도 모른다고 해요.
처칠 마을의 날씨가 이상해진 건 1990년대부터입니다. 그 전엔 10월 중순이면 하얀 눈밭을 뒹구는 북극곰들의 모습을 볼 수 있었어요. 하지만 지금은 초겨울인데도 한낮 기온이 9℃나 됩니다. 바로 지구온난화 때문이에요.

지구온난화는 지구의 기온이 자꾸자꾸 올라가는 것을 말해요. 온난화의 가장 큰 원인은 이산화탄소와 같은 온실가스입니다. 석유나 석탄을 태우면 나오는 온실가스가 지구의 대기를 둘러싸서 지구를 점점 덥게 만들고 있어요. 따뜻해진 날씨가 북극의 얼음을 녹이고 있습니다.

지구온난화는 몇몇 나라가 온실가스를 배출하지 못하게 만든다고 해서 막을 수 있는 게 아니에요. 지구에 사는 모든 나라, 모든 사람이 노력해야 막을 수 있답니다. 지구의 기온이 점점 올라가고 100년 뒤에 빙하가 다 녹아서 바닷물의 높이가 올라간다면, 북극곰뿐만 아니라 사람도 위험에 빠지게 될 테니까요.

얼음 속에서 태어나다 북극곰은 눈 속에 구멍을 파고 새끼를 낳아요. 북극곰의 번식기는 4~5월이고 임신기간은 265일 정도예요. 새끼를 낳으면 구멍을 눈으로 덮고 작은 숨구멍만 뚫어두어요. 북극곰은 3~4살이 되면 어른이 되고 25~30년을 살아요.

얼음아, 녹지 마!

지구가 따뜻해지면서 북극 주변의 얼음이 점점 빨리 녹고 있어요.
얼음의 두께도 1976년 이후로 131cm나 줄어들었다고 해요. 얼음이
녹으면 바닷물의 높이가 높아져요.
사방이 바다로 둘러싸인 섬나라 투발루는 해안선이 높아져
바닷속으로 가라앉을 위험에 놓여 있어요. 섬 전체가 바닷물에 잠기면
투발루 사람들은 어디로 가야 할까요?
과학자들은 만약 지구의 온도가 5℃ 상승한다면 100년 뒤에는
히말라야의 빙하가 모두 녹고, 뉴욕이나 도쿄 같은 도시는 물속으로
가라앉을 거라고 말하고 있어요.

지구 온난화 때문에
얼음이 녹고 있습니다.
지금 이 순간에도… 허걱!

혼자 남은 바나나의 슬픔

"원숭이 똥구멍은 빨개. 빨가면 사과, 사과는 맛있어. 맛있으면 바나나…."

지금 바나나는 흔하고 싼 과일이지만 부모님들이 여러분만 했을 때는 귀하고 먹기 힘든 과일이었어요. 특별한 날에만 먹을 수 있었죠. 운동회나 소풍 때 노랗고 길쭉한 바나나 하나를 들고 있으면 마음은 뿌듯하고 입에는 침이 고였어요. '맛있으면 바나나'라고 노래를 불렀을 정도니까요.

바나나는 전 세계 열대와 아열대 지역에서 자랍니다. 우리나라에서도 따뜻한 제주도에서 바나나를 재배하고 있어요. 흔히 바나나 '나무'라고 하는데 그건 잘못된 말이에요. 바나나는 나무가 아니라 '풀'이거든요.

보통 나무는 튼튼한 줄기가 겨울 동안 남아 있다가 다음해에 다시 자라요. 반면에 대부분의 풀은 가냘프고 열매가 아주 작은데다

1년밖에 못 살지요. 그런데 바나나풀은 여느 풀과 달리 키가 3~10m나 되고 여러 해를 살며 층층이 붙은 커다란 열매도 맺어요. 우리가 먹는 바나나가 바로 이 열매랍니다.

바나나는 원래 아주 작고 씨가 단단한 열매였어요. 당연히 사람들은 바나나를 먹지 않았죠. 그런데 우연히 크기도 크고 씨도 말랑말랑한 돌연변이 바나나를 발견하게 된 거예요. 이 바나나는 맛이 아주 그만이었어요. 껍질도 쉽게 벗길 수 있고 씨가 없어서 먹기도 편했죠.

사람들은 부랴부랴 바나나를 연구해서 맛있으면서도 크기가 크고 씨는 작은 바나나를 개발했어요. 새로 개발한 바나나의 인기는 금세 높게 치솟았지요. 그러자 사람들은 원래 있던 바나나풀을 다 베어버리고 그 자리에 새로 개발한 바나나만 키우기 시작했어요. 결국 아시아와 아프리카의 농장에선 다 똑같은 바나나를 재배하게 되었어요. 그러니까 원래 400종이나 되던 바나나 가운데 한 종류만을 키우게 된 거예요.

그런데 바로 그게 문제였어요. 여러 종류의 바나나가 있다면 한 종류가 병충해의 공격을 받고 사라져도 나머지 종들이 남아

있으니까 바나나가 사라질 위험은 없을 거예요. 그렇지만 종류가 하나밖에 없고 그 종이 병충해의 공격을 받아 사라져 버리면 바나나 전체가 사라질 수도 있는 거죠.

지금 바나나는 파나마병, 흑시가토카병 등의 질병과 해충들에게 공격을 받고 있어요. 이런 질병을 이길 만큼 바나나의 저항력은 강하지 않아요. 게다가 그런 공격을 이겨낼 다른 종류의 바나나가 많지도 않고요. 그래서 전문가들은 '바나나가 10년 안에 모두 사라질지도 모른다'고 말하고 있답니다.

종류가 하나뿐인 생물은 살아남기가 어려워요. 빈자리를 채워줄 대체 생물이 없으니까요. 지구에 왜 이토록 다양한 생물이 살고 있는지 그 비밀을 이제 알겠죠?

맛있는 것도 좋지만 우리의 주식인 쌀도 원래 3,000종이나 있었대요. 그런데 지금은 사람들이 좋아하는 10~20종의 벼로만 농사를 짓는다고 해요. 만약 벼도 바나나처럼 가장 마음에 드는 하나만 남기고 다 없애버린다면 어떻게 될까요? 만약 그 하나가 병에 걸리면 더 이상 쌀을 먹을 수 없게 되겠지요. 더 좋은 것을 먹으려는 욕심 때문에 식량을 구하기가 어려워질지도 몰라요.

푸른 별 지구를 지켜라

미국 캘리포니아에는 천 년 된 붉은 삼나무가 있어요. 사람들은 키가 60m나 되는 이 나무에게 '달(Luna)'이란 별명을 붙여 주었지요. 어느 날 목재회사에서 이 나무를 베려고 찾아왔어요. 그때 줄리아 힐이란 여성이 '달' 위에 올라가 그곳에서 먹고 자며 2년 동안이나 살았대요. 나무를 베지 못하게 하려고요. 비가 오는 날도 바람이 거세게 부는 날도 줄리아 힐은 나무를 떠나지 않았어요. 톱을 가지고 나무로 다가오는 사람들에게 아름다운 노래를 불러주기까지 했어요. 결국 목재회사는 '달'을 포기했고, 삼나무를 둘러싼 숲은 보호구역으로 지정되었어요.

줄리아 힐은 왜 그렇게 긴 시간 동안 단 한 그루의 나무를 위해 힘들게 싸웠던 걸까요?

식물은 지구에서 오랫동안 살아왔어요. 식물이 있어 많은 생물이 숨을 쉬고 먹이를 얻으며 살아가지요. 사람도 마찬가지로 식물이 주는 여러 가지 혜택을 받으며 살아갑니다.

그런데 사람들은 자꾸만 식물의 자리를 빼앗았어요. 넓은 초원을 불살라 집과 건물을 짓고 도로를 냈지요. 열대지방에서는 소를 키우기

위해 숲을
불태우기도 합니다. 또
지금처럼 지구의 기온이 해마다
자꾸 올라가면 점점 더 많은 식물이
말라 죽을 거예요. 과학자들은 지금
한 시간에 한 종류씩 식물이 멸종하고
있다고 말합니다.
식물이 사라지면 더 이상 지구를 푸른 별이라고 부를
수 없어요. 식물이 사라지면 지구에 어떤 생물도 살 수 없을
거예요.
사라지는 식물을 지키기 위해 모두가 줄리아 힐처럼 높은
나무 위에 올라가 살지는 못하겠죠? 그렇지만 우리
주변에서 할 수 있는 작은 일부터 시작해 보면 어떨까요?
작은 들꽃 한 송이, 어린 새싹 하나도 허투루 하지 않는다면
그게 바로 식물을 지키는 일이 될 거예요.

대나무가 사라지면 판다는 배고파요

판다처럼 사람들에게 사랑받는 동물이 있을까요? 대나무 줄기를 들고 아작아작 씹어 먹으며, 동글동글한 몸으로 구르기를 하는 판다를 보면 누구나 "너무 귀여워" 하고 외치게 된답니다. 종일 먹고 자고 느긋하게 놀고 있는 판다를 보면 걱정이란 없을 것 같아요. 그런데 이런 판다에게 위험이 닥쳤어요.

키	120~150cm 일어서면 170cm까지.
몸무게	70~150kg의 듬직한 체형.
몸 색깔	귀와 눈 주위 그리고 다리가 검은 털로 덮여 있음.
	눈 주위의 검은 털은 하얀 눈 위를 걸을 때 눈부심을 막아줌.
	배와 등, 얼굴이 하얀 털이 덮여 있는 걸로 보아 패션 감각이 뛰어난 것 같음.
코	냄새를 잘 맡지 못함.
귀	아주 작은 소리도 잘 들을 수 있음.
이빨	매우 튼튼함. 딱딱한 대나무 줄기도 으적으적 먹을 수 있음.
발가락	엄지발가락 끝에 손가락처럼 튀어나온 부분을 여섯 번째 발가락이라 부름.
	나무를 타거나 먹이를 쥐고 먹을 때 편리함.

판다는 지금 1,000마리 정도밖에 없는 희귀한 동물이에요. 판다는 중국의 사천성과 운남성에 있는 대나무 숲에서만 살아요.
중국에서는 판다를 제1급 보호 동물로 지정해 보호하고 있지요.
판다를 얼마나 아끼는지, 한 마리에 몇십 억을 주어도 팔지 않는다고 해요.
사람들이 잘 보살펴주고 있어서 판다는 아주 행복할 것 같은데, 과연 그럴까요?

판다는 하루에 16시간을 먹으며 보내요. 조릿대와 나무 열매도 먹지만 가장 좋아하는 음식은 대나무 잎이에요. 판다 한 마리가 대나무 잎을 하루에 약 15~40kg이나 먹는답니다.

대나무는 아주 신비한 식물이에요. 약 100년에 한 번씩 꽃을 피우는데, 꽃이 필 때 대나무 밭에 있는 모든 대나무가 한꺼번에 꽃을 피우고 씨앗을 맺어요. 그러면 대나무 밭에 있던 영양분이 고갈되어서 모든 대나무가 한꺼번에 죽어버려요. 그 숲에서 다시 대나무가 자라서 숲이 되기까지는 30년이나 걸립니다.

이렇게 대나무 숲이 사라질 때면 판다는 먹을 것이 없어서 굶어야 해요. 1970~1980년대에 큰 대나무 숲이 꽃을 피운 뒤 한꺼번에 죽어버린 일이 있었어요. 이때 굶어 죽은 판다가 전체의 4분의 1이나 된다고 해요.

게다가 사람들이 숲을 개간하면서 대나무 숲은 점점 더 사라져갔어요. 그러면서 대나무 숲 사이의 거리가 멀어진 것도 판다에겐 걱정이었죠. 살던 숲에 있는 대나무가 다 죽으면 다른 대나무 숲으로 이사를 가야 하는데, 거리가 너무 머니까 이동하기가 힘들었어요. 게다가 판다는 겁이 많아서 자기가 살던 곳 밖으로 나오는 것을 아주 무서워하거든요.

불쌍한 판다. 우리가 언제까지 판다를 볼 수 있을까요?

세계자연보호기금의 상징, 판다 판다는 세계자연보호기금(World Wide Fund for Nature)의 상징동물이에요. WWF는 세계의 야생동물과 환경을 보호하기 위해 1961년에 만들어진 국제 조직입니다. 중국 정부와 WWF는 힘을 합쳐 판다를 보호하고 살리기 위해 노력하고 있어요.

편식하는 코알라의 고민

판다 못지않게 인기 많은 동물, 코알라! 작은 새끼를 등에 업고 있는 코알라의 모습은 오스트레일리아의 마스코트입니다. 많은 사람이 코알라를 아끼고 사랑하지만, 코알라에게도 판다처럼 큰 고민이 있어요.

코알라가 사는 곳은 오스트레일리아의 유칼립투스 나무 숲이에요. 코알라는 이 숲에서 평생 유칼립투스 나뭇잎만 먹고 살아요.

키	60~85cm.
몸무게	4~15kg의 아담한 체형.
몸 색깔	연한 회색이나 노란색.
아기 주머니	캥거루와 같은 유대류 동물이라서 아기를 담는 주머니를 가지고 있음.
귀	털이 많음.
눈	작고 동그래서 귀여운 인상.
발톱	아주 강해서 나무를 탁탁 찍으며 올라갈 수 있음.
발가락	2개가 서로 마주 보고 있어서 사람의 손처럼 쓸 수 있고 나무 오를 때 유리함.
털	연한 회색이나 노란색.

코알라가 얼마나 까다로운지, 원래 살던 곳과 같은 환경을 만들어주지 않으면 살지 못한대요. 그래서 코알라를 키우려는 동물원에서는 먼저 유칼립투스 나무를 가져다 심어야 해요. 유칼립투스 나무라고 해서 모두 먹는 것도 아니에요. 코알라는 유칼립투스 나무 중에서도 어릴 때부터 먹던 것만 골라서 먹어요. 600여 종의 유칼립투스 나무 가운데 코알라가 먹는 건 35종류밖에 되지 않는다고 해요.

유칼립투스 나뭇잎은 기름이 많고 독해서 아무나 먹을 수 없어요. 코알라의 간은 유칼립투스의 독성을 다 없애준답니다. 처음에 코알라는 다른 동물들이 못 먹는 유칼립투스를 먹는 게 좋았어요. 다른 동물들과 먹이를 놓고 다툴 필요가 없었으니까요. 하지만 그게 바로 코알라의 고민거리가 되었어요. 그것밖에 못 먹으니까 유칼립투스 나무가 사라지면 코알라의 유일한 먹이도 사라지는 셈이죠.

또 코알라는 나무 위에서 모든 일을 다 해요. 먹고 자고 이 나뭇가지에서 저 나뭇가지로 쌩쌩 건너다니죠. 땅에 내려오는 일은 아주 드물어요. 그러니 이 숲에서 저 숲으로 옮겨가는 것은 상상도 못해요. 그래서 사람들이 유칼립투스 나무 숲을 하나 없애면 그 숲에 살던 코알라는 모두 굶어죽고 말아요.

판다와 코알라를 멸종 위기에서 구하기 위해서는 먼저 대나무 숲과 유칼립투스 나무 숲을 잘 보전해야 해요. 먹이와 살 집 없이 살아갈 수 있는 동물은 없으니까요.

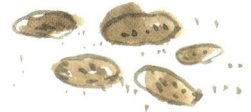

코알라 똥 엄마코알라는 새끼들에게 반쯤 소화된 묽은 똥을 눠서 먹여요. 정말 대단한 똥이죠!

열대우림에 불이 났어요!

남아메리카의 열대우림에 사는 가위개미는 새 친구를 사귀었습니다. 바로 커다란 마호가니 나무에 살고 있는 흰개미였어요. 가위개미는 흰개미가 마음에 들었어요. 흰개미는 이야기를 썩 잘했거든요.

오늘은 흰개미가 마호가니 나무에 사는 가족에 대해 이야기해 주었어요.

나무의 가장 꼭대기에는 다람쥐원숭이, 부채머리독수리가 살고 있어요. 나무 중간에는 날카로운 목소리로 온종일 짖어대는 짖는 원숭이 가족이 있고요. 큰부리새와 붉은따오기도 마호가니 나무에

가위개미는 농부! 가위개미는 나뭇잎을 둥글게 잘라 땅 속 집으로 가져와요. 나뭇잎을 잘게 씹어서 놓아두면 버섯이 자라는데, 가위개미는 그 버섯을 먹고 살아요.

둥지를 만들었어요. 늘 잠만 자는 나무늘보 아저씨도, 반갑지는 않지만 흰개미의 천적인 작은개미핥기도 같은 나무에서 산다고 했어요. 작은개미핥기는 구멍 속으로 긴 혀를 넣어 흰개미를 잡아먹는데, 날름날름 혀가 얼마나 빠른지 1분에 100번이나 움직인대요.

나무의 윗부분에는 브로멜리애드라는 착생식물이 자라고 있대요. 브로멜리애드 나뭇잎들이 겹쳐진 곳에는 빗물이 고여 작은 연못이 생기는데, 그곳에 벌새, 도마뱀, 딱정벌레, 모기, 잠자리, 독화살개구리가 모여 수영도 하고 물도 마신다고 했어요.

가위개미는 그날도 흰개미와 아카시아 나무에서 만나기로 했어요. 흰개미가 더 재미있는 이야기를 준비해 온다고 했거든요. 그런데 숲에 이상한 일이 생겼어요.

"우르릉, 쾅! 쓰윽쓰윽, 털썩."

요란한 소리와 매캐한 연기가 가위개미가 사는 땅속까지 들어왔어요. 뭔가 엄청난 일이 생긴 것 같았어요. 가위개미는 겁이 나서 집 안에서 꼼짝도 않고 있었어요.

드디어 요란한 소리가 멈추자, 가위개미는 흰개미를 만나려고

밖으로 나왔어요. 그런데 그곳은 이미 가위개미가 알던 숲이 아니었어요. 흰개미와 만나던 아카시아 나무도 없고, 저 멀리 우뚝 서 있던 마호가니 나무도 사라지고 없었어요. 숲에는 군데군데 검게 그을린 나무둥치만 남아 있었습니다.
아무리 기다려도 흰개미는 오지 않았습니다.
대체 무슨 일이 벌어진 걸까요?

열대우림은 적도 부근에 있는 울창한 숲이에요. 열대우림에는 나무들이 빽빽하게 들어차 있는데 그 가운데에는 키가 50m나 되는 큰 나무도 있지요.
열대우림은 지구 전체 면적의 6%밖에 안 되지만 이곳에는 전 세계 동물의 절반 가량이 살고 있어요. 특히 곤충은 무려 70%나 살고 있다고 해요. 페루에서는 나무 한 그루를 베었더니 그 속에 무려 43종이나 되는 개미들이 살고 있었다고 해요.
개미뿐인가요? 개미를 먹고사는 개미핥기, 나뭇잎을 갉아 먹고사는 쐐기벌레, 나무에 매달려 잠을 자는 나무늘보, 나무늘보 털에 알을 낳는 나무늘보나방까지 셀 수 없이 많은 생물이 나무 한 그루에서 함께 살아요.

그런데 40~50년 전부터 열대우림이 빠른 속도로 파괴되고 있어요. 점점 더 많은 사람이 농지를 만들거나 목장을 만들기 위해서 숲에 불을 지르고 있기 때문이에요. 사람들은 길을 만들기 위해, 집을 짓기 위해 숲을 파괴했어요. 또 목재를 얻기 위해서 나무를 베기도 고요.

이렇게 열대우림이 파괴되면 그 속에 살고 있던 많은 생물은 어디로 가야 할까요? 흰개미와 다른 마호가니 나무 식구들처럼 다시는 돌아오지 못하는 생물들도 늘어날 거예요.

갈수록 많은 생물이 집과 먹이, 그리고 생명을 잃고 있다는 슬픈 소식이 자꾸만 들려옵니다.

마호가니가 뭐길래! 마호가니는 단단하고 윤기가 나는 진한 갈색의 나무입니다. 가구를 만드는 데 쓰이지요. 마호가니 나무 한 그루를 얻기 위해 사람들은 주위에 있는 나무들을 다 베어냅니다. 나무가 있는 곳까지 쉽게 가려고요. 멋진 장식장, 옷장 하나를 갖기 위해 작은 숲 하나를 통째로 없애는 거예요.

지구의 허파, 열대우림이 사라져요

열대우림은 '지구의 허파'라고 불려요. 열대우림의 식물들이 광합성을 하면서 이산화탄소를 마시고 깨끗한 산소를 내뿜기 때문이에요. 열대우림의 많은 식물은 지구 전체의 공기를 깨끗하게 만드는 아주 중요한 역할을 하고 있답니다.

그런 열대우림이 사라지면 지구 전체가 큰 피해를 입어요. 열대우림을 불태우면 무엇보다도 깨끗한 산소가 줄어들 거예요. 게다가 나무가

불탈 때 많은 양의 이산화탄소가 나온대요. 그 양이 지구 전체에서 나오는 이산화탄소의 30%를 차지한다고 하니 엄청나지요. 이산화탄소는 지구온난화를 부르는 커다란 원인이에요. 열대우림이 파괴되면 지구의 공기는 점점 나빠지고 지구온난화도 점점 심해질 거예요.

모두 모두 함께 사는 세상

인간, 지구 추방령을 받다

탕탕탕.
지금부터 재판을 시작하겠습니다.

 존경하는 재판장님. 인간은 환경을 오염시키고 수많은 생물을 멸종으로 내몰았습니다. 인간에게 지구 추방령을 내릴 것을 요청합니다.

 그게 무슨 소리요? 난 아무 죄도 없소. 더군다나 하찮은 동물, 식물들이 감히 인간을 재판하다니.

 탕탕탕. 법정을 모독하는 말은 삼가시오.

 재판장님. 인간이 생태계를 훼손한 것은 사실이지만 일부러 그런 것은 절대 아닙니다. 더 잘 먹고 잘 살고 싶은 것은 모든 생물의 본성입니다. 인간도 더 잘 살기 위해 산업을 발달시키는 과정에서 자연을 훼손한 것뿐입니다.

 그건 말도 안 됩니다. 증인들의 말을 들어 보십시오.

 평화로운 모리셔스 섬에 사람이 찾아왔습니다. 사람은 날지 못하는 우리 도도를 마구 잡아먹었습니다. 한 마리도 남지 않을 때까지요.

 호랑이가 멸종 위기에 처하자, 사냥꾼들은 호랑이 가죽이 더 희귀해져서 비싸게 팔 수 있다며 우리를 마구 사냥했어. 그래서 난 아직 결혼도 못 했다고. 암컷 호랑이가 있어야 말이지.

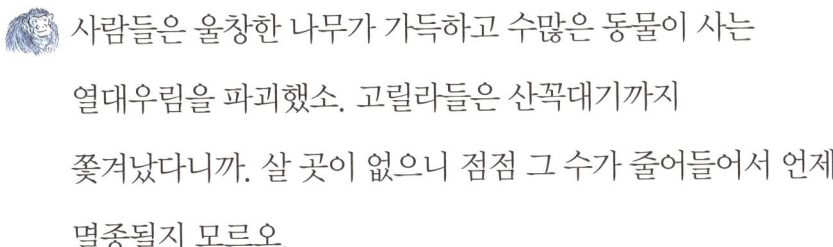 사람들은 울창한 나무가 가득하고 수많은 동물이 사는 열대우림을 파괴했소. 고릴라들은 산꼭대기까지 쫓겨났다니까. 살 곳이 없으니 점점 그 수가 줄어들어서 언제 멸종될지 모르오.

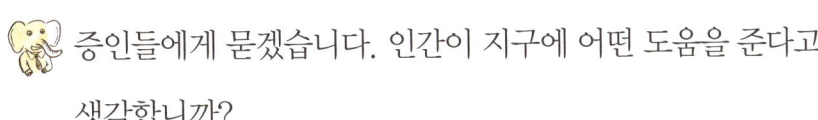 증인들에게 묻겠습니다. 인간이 지구에 어떤 도움을 준다고 생각합니까?

  인간은 지구에 도움을 주기는커녕 해만 끼칩니다.

🐘 그렇습니다. 지구에 살고 있는 인간은 이미 60억 명이 넘었고 지구 면적의 3분의 1이나 독차지하고 있습니다. 뿐만 아니라 핵무기까지 만들어서 언제 지구가 폭삭 망할지 모릅니다. 이렇게 위험한 인간과 왜 함께 살아야 합니까? 지구에서 평화롭게 살려면 반드시 인간을 쫓아내야 합니다.

🐩 호랑이에게 묻겠습니다. 인간에게 도움을 받은 적이 단 한 번도 없나요?

🐯 절대 없소. 아, 아니 사실 뭐 조금 있기는 하지. 환경보호운동가들이 내가 살고 있는 숲을 지켜줬거든. 아 글쎄, 그 양반들이 숲을 개발하려는 포크레인 앞에 드러눕기까지 했다니까. 허허허.

🦁 다이안 포시라는 사람은 우리 고릴라를 지키려다 밀렵꾼들에게 살해되기까지 했어.

🐩 그렇습니다. 사람들은 동식물의 멸종을 막고 자연을 보호하기 위해 노력하고 있습니다. 자연보호운동에 점점 더 많이 참여하여 큰 성과를 거두기도 합니다. 그러니 재판장님, 인간에게 한 번만 더 기회를 주십시오. 분명히 지난날의

잘못을 깨닫고 지구의 환경과 다른 동식물을 보호하기 위해 노력할 것입니다.

 피고 인간에게 마지막으로 변론할 시간을 주겠소.

 재판을 통해 우리의 잘못을 깨달았습니다. 일부러 생태계를 파괴하고 다른 동식물을 멸종시킨 것은 아닙니다. 기회를 주신다면 앞으로는 모든 동식물이 다 함께 잘 살 수 있는 지구를 만들겠습니다.

 그럼, 판결을 내리겠습니다. 인간은 수많은 생물이 함께 살아가는 지구 환경을 오염시키고 다른 동식물을 멸종으로 내몰았습니다. 피고에게 지구 추방령을 내리는 것이 마땅하나 피고가 죄를 뉘우치고 있고 또 일부러 그런 것이 아닌 경우가 많으므로 100년의 유예기간을 두겠습니다. 100년 뒤에 다시 이 법정에서 만납시다.

재판을 마치겠습니다. 탕탕탕.

다이안 포시 1932년에 태어난 인류학자 다이안 포시는 아프리카 르완다에서 멸종 위기에 처한 마운틴고릴라를 연구했어요. 고릴라를 해치려는 밀렵꾼들에 맞서 싸우며 야생동물 보호운동을 펼쳤습니다.

사람의 힘만으로 살 수는 없어요

사람들은 깊이 반성했어요. 자신들 때문에 다른 동식물이 멸종하고 있다는 걸 알게 되었으니까요. 아직도 왜 멸종을 막아야 하는지 모르는 친구가 있나요?

"동식물 하나 멸종한다고 무슨 문제가 생기겠어? 개구리 따위 하나 없어진다고 무슨 문제가 생길라고."

정말 그럴까요? 개구리가 없어지면 무슨 일이 생기는지 알아보아요.

"무서운 개구리들이 다 없어져 버리니 속이 다 후련하군. 이제 우리 곤충들도 평화롭게 살게 됐어."

개구리가 없어지자, 처음에 모기 같은 곤충들은 아주 좋아했어요. 하지만 뱀과 새는 먹이가 없어져서 굶주려야 했지요.

시간이 지나면서 곤충의 수는 점점 늘어났어요. 나중에는 너무

먹이사슬 뱀이나 새는 개구리를 먹고, 개구리는 곤충을 먹고… 이처럼 생물들 사이에 먹고 먹히는 관계를 먹이사슬이라고 해요. 먹고 먹히는 관계가 마치 사슬처럼 끊어지지 않고 이어져 있기 때문이에요.

많아져서 곤충들 사이에 먹이 경쟁이 치열해졌지요. 힘 센 곤충만 먹이를 차지하고 나머지 곤충들은 굶어야 했어요. 결국 곤충의 수는 다시 줄어들기 시작했어요.

이처럼 개구리의 수가 줄어들면 개구리의 먹이가 되는 곤충의 수도 줄어들고, 개구리를 먹고사는 뱀 같은 육식동물의 수도 줄어들어요. 우리 눈에는 보잘 것 없어 보이는 개구리가 사실은 생태계에서 아주 중요한 역할을 하고 있는 것이지요.

다른 생물도 마찬가지예요. 눈에 보이지 않는 세균에서 가장 덩치가 큰 흰수염고래나 1,000년을 사는 소나무에 이르기까지 생태계에서 필요 없는 생물은 하나도 없어요. 그 중에 어느 하나라도 사라지면 생태계 전체가 영향을 받아요. 그러니까 이렇게 자꾸만 하나둘씩 생물이 사라지다가는 생태계의 균형이 무너져 버리고 말 거에요. 사람은 큰 산을 와르르 무너뜨리고 넓은 강도 막을 수 있어요. 얼핏 생각하기에 사람은 뭐든지 할 수 있을 것 같고 혼자서도 잘 살 수 있을 것 같아요. 그렇지만 아무리 대단한 힘을 가진 사람이라 해도 이미 사라진 동식물을 되살릴 수는 없어요.

그리고 사람 또한 생태계를 이루는 한 부분이기 때문에 생태계의 균형이 깨지면 사람도 위협을 받게 될 거예요. 나무가 산소를 만들어 주지 않고, 동물과 식물이 먹을 것을 주지 않는다면 사람도 지구에서 살 수 없으니까요.

사람의 힘만으로 깨진 생태계의 균형을 바로잡을 수는 없답니다. 그러니 생태계가 균형을 잃지 않도록, 모두가 같이 평화롭게 살 수 있도록 힘을 보태야 해요.

사라진 동물을 되살릴 수 있을까요?

'쥐라기 공원'이란 영화를 보면 1억 6천만 년 전에 사라진 공룡을 살려냅니다. 정말 그런 일이 이루어져서 그동안 멸종한 신기한 동식물들을 다시 볼 수 있다면 얼마나 좋을까요? 하지만 아직은 꿈 같은 이야기입니다.

아프리카에는 얼룩말이 되려다 만 것 같은 콰가라는 동물이 살고 있었어요. 콰가가 15,000마리씩 무리를 지어 달릴 때면 흙먼지가 초원을 덮을 정도로 굉장했지요.

그러나 사람들이 아프리카에 많이 살게 된 뒤부터 콰가를 볼 수 없게 되었어요. 가죽과 고기를 이용하기 위해 마구 사냥을 했기 때문이에요. 1878년 마지막 야생 콰가가 죽고 난 뒤에는 유럽으로 건너간 몇 마리의 콰가만이 살아남았지요. 콰가가 멸종에 다다랐을 때야 비로소 사람들은 콰가가 얼마나 신비로운 동물인지 알게 되었어요.

1883년 암스테르담 동물원에서 콰가 한 마리가 죽은 뒤 콰가는 영원히 사라졌어요.
콰가는 지금 박제로 만들어져 유럽과 남아프리카에 보관되어 있어요. 과학자들은 박제된 콰가의 가죽에서 뽑아낸 물질로 콰가를 다시 되살리려는 노력을 하고 있어요. 하지만 이런 노력에도 한번 멸종된 동물을 다시 태어나게 한다는 것은 아직까지 매우 어려운 일이지요. 그러니 멸종된 동물을 되살려내기 위해 과학 기술을 발전시키는 것보다 그전에 먼저 동물이 멸종되지 않도록 잘 보살피는 일이 훨씬 더 중요해요.

멸종 위기에 처한 동물들을 보호하기 위해 사람들은 무슨 일을 하고 있을까요?

미국의 옐로스톤 국립공원에서는 멸종 위기에 있던 늑대들이 다시 되살아나고 있대요.
한때 사람들은 늑대들이 사슴을 잡아먹는 것을 보고, 늑대를 모두 없애야겠다고 생각했어요.
"착한 사슴을 잡아먹다니! 늑대는 정말 나빠요!"
그런데 늑대가 없어지자 공원에는 사슴이 너무 많아졌어요.
사슴들은 풀이 자랄 새도 없이 몽땅 먹어치웠습니다. 공원은 점점 황폐해졌어요.
사람들은 캐나다에 사는 늑대 2마리를 공원으로 데려왔어요.
그리고 열심히 보살폈지요. 어느 정도 시간이 지나자, 늑대들은 다시 공원에 살게 되었고 사슴의 수도 줄기 시작했습니다.
황폐해졌던 공원도 다시 푸르게 변하고 있다는 반가운 소식이 들려와요.

야생에서는 볼 수 없지만, 멸종 위기에서 벗어나 동물원에서 잘 살아가고 있는 동물도 있어요. 그 주인공인 사불상이라는 이름의 동물은 이름처럼 4종류의 동물을 닮았다고 해요. 뿔은 사슴을 닮았고, 몸은 나귀를 닮았고, 발굽은 소를 닮았고, 머리는 말을 닮았다고 하니 직접 보면 정말 신기한 모습일 것 같아요.

사불상

1865년 선교사 페레는 중국 황실의 사냥 지역 주변에 남아 있던 몇몇 사불상을 보고 그 신비한 모습에 반해 유럽으로 20여 마리를 보내 키우게 했어요. 처음에 사불상은 낯선 환경에 적응하지 못했지만 사람들이 열심히 보살핀 덕분에 1939년에는 250마리까지 늘어났어요.

지금은 유럽, 중국, 미국, 한국, 일본 등의 동물원에서 1,000마리 가까이가 잘 살고 있습니다.

코끼리는 가장 행복한 유년생활을 보내는 동물 가운데 하나예요. 어른 코끼리들이 자상하게 돌봐주는데다 워낙 덩치가 크고 단결을 잘하기 때문에 사나운 사자도 쉽게 덤빌 수 없지요.

그런데 1980년에 120만 마리였던 코끼리가 10년 사이에 50만 마리로 줄었답니다. 누구도 해치지 못할 것 같았던 코끼리가 갑자기 이렇게 줄어든 이유는 크고 멋진 상아를 노린 사냥꾼 때문이에요. 사람들은 코끼리 상아로 피아노 건반과 도장, 보석상자, 칼의 손잡이, 빗, 장신구 등을 만들었어요. 중국에는 상아젓가락까지 있답니다.

그렇지만 코끼리가 죽어 가는 것을 사람들이 그냥 두고 보지만은 않았어요. 1989년 아프리카 케냐의 모이 대통령은 밀렵꾼들에게서 빼앗은 상아를 약 12톤이나 모아 한꺼번에 불태웠어요. 그리고 그 자리에 코끼리 동상을 세워서 기념했어요.

이 일이 전 세계에 알려지면서 많은 사람이 코끼리에 대해 관심을 가지게 되었어요. 각 나라의 대표들은 코끼리를 보호동물로 정하고 상아를 사고파는 것도 금지시켰어요. 그 결과 코끼리는 조금씩 멸종 위기를 벗어나고 있답니다.

우리나라에서도 멸종 위기에 처한 동식물을 보호하기 위해 노력하고 있어요. 호랑이, 반달곰, 늑대, 수달 등의 동물과 풍란, 기생꽃 등의 식물이 대표적인 보호대상입니다.
우리나라의 지리산은 50년 전만 해도 숲이 울창하고 먹을 것도 풍부해서 동물들이 살기 좋은 곳이었어요.
그러나 개발이 시작되면서 지리산은 많이 달라졌어요. 사람들은 댐이나 호텔을 짓기 위해서 산을 파헤쳤지요. 산에 생긴 도로는 동물들이 다니는 길을 끊어 놓기도 했어요. 결국 지리산에 사는 동물들은 하나 둘 사라졌답니다.
동물들이 다시 우리나라 산에서 살게 하기 위해 사람들은 어떤 노력을 했을까요?
가장 먼저 반달곰 새끼 4마리를 지리산에 풀어놓았어요. 그런데 처음에는

반달곰

실패했어요. 사람과 너무 친해진 곰들이 야생 환경에 잘 적응하지 못했거든요. 사람이 버린 음식을 먹고 등산객을 따라다니기도 했지요. 그래서 다음번엔 사람과 친해지지 않도록 조심했어요. 연구원들은 반달곰 옷과 가면을 쓰고 먹이도 지리산에서 나는 열매 같은 것을 주었습니다.

반달곰이 지리산에 완전히 자리를 잡고 살려면 앞으로도 계속 노력해야 할 거예요.

지금 우리나라 산간 지역에 멧돼지들이 많이 늘어나 농작물에 피해를 주는 것도 멧돼지를 잡아먹는 육식동물이 없기 때문이래요. 그러니까 호랑이나 스라소니, 표범 같은 동물들도 돌아온다면 좋겠지요.

스라소니

침팬지의 어머니, 제인 구달

두 발로 걷고 두 손으로 물건을 만지고 음식을 먹는 침팬지는 사람하고 가장 비슷한 동물이에요. 사람들은 침팬지에 대해 잘 알지 못했어요. 제인 구달이 있기 전까지는요.

제인 구달은 아프리카에서 수십 년 동안 침팬지와 함께 살면서 침팬지의 성격, 생활 습관 등을 연구한 학자예요. 우리가 침팬지에 대해 알고 있는 내용 대부분은 제인 구달이 연구해서 밝혀낸 것이랍니다.

침팬지는 사람처럼 가족 중심의 생활을 하고 도구를 이용해요. 또 사냥을 하고 전쟁도 하며 다른 동물을 잡아먹기도 해요. 많은 사람이 이런 사실에 깜짝 놀랐지요. 영리하고 순한 침팬지는 사람의 친구라고만 생각했으니까요.

아프리카에서 침팬지의 수가 급격하게 줄어들기 시작하자, 제인 구달은 침팬지를 관찰하고 연구하는 일만으로 부족하다는 것을

깨달았어요. 그래서 오염되고 망가져가는 자연환경 속에서 힘들게 살고 있는 동물들을 보호하는 운동을 시작했어요.

어떤 사람들은 제인 구달의 운동을 소용없는 짓이라고 비웃었어요. 사람은 욕심이 많아서 다른 동식물을 위해 노력하지 않을 거라고 하면서요. 그렇지만 제인 구달은 사람들의 비웃음에도 아랑곳하지 않고 '동물들이 살기 좋은 환경을 만들어야 인간도 행복한 삶을 살 수 있다'고 호소했지요.

또 제인 구달은 사람에게 희망이 있다고 말했어요. 사람에게는 어느 동물도 가지고 있지 않은 독특한 특성이 있어요. 바로 남을 위해 '희생'할 줄 있고 자신에게 이득이 되지 않아도 누군가를 '사랑'할 수 있다는 것이지요.

제인 구달의 노력은 전 세계적인 생명사랑운동으로 이어졌어요. 침팬지를 보호하는 운동에서 지구의 환경, 생태계, 사람의 먹거리를 보호하는 운동으로 확대되었지요.

전 세계의 많은 사람이 제인 구달을 응원하고 힘을 보탰어요. 이들은 침팬지뿐만 아니라 우리 모두, 더 나아가 지구 전체를 살리기 위해 노력하고 있답니다.

코스타리카 숲이 되살아났어요

적도에 위치한 코스타리카는 우리나라의 4분의 1 정도 되는 작은 나라입니다. 코스타리카는 3백만 년 전에 화산활동으로 남아메리카와 북아메리카 사이의 바다가 상승하면서 만들어진 땅이에요. 그래서 자연스럽게 두 대륙을 연결하는 다리 역할을 하게 되었지요. 이 다리를 통해 많은 동물이 남쪽과 북쪽을 오고 가면서 코스타리카는 다양한 동물들이 함께 머무는 곳이 되었어요. 코스타리카의 숲에는 전 세계의 5%나 되는 동물들이 살고 있지요. 나비가 2,000종, 새가 450종, 곤충은 36만 종이나 된답니다. 자연 그대로의 열대우림과 그 속에 사는 동식물을 보기 위해 해마다 100만 명이나 되는 사람들이 코스타리카를 찾아요. 코스타리카는 이러한 생태관광으로 많은 수입을 얻고 있어요. 관광 수입이 1년 내내 바나나와 커피를 수출해서 번 돈과 맞먹을 정도라고 합니다. 그런데 코스타리카의 숲이 늘 이렇게 푸르렀던 건 아니에요.

코스타리카의 숲에도 큰 위기가 있었어요. 한때 나라에서는 주민들에게 커피나무를 많이 심으라고 했어요. 커피를 수출해서 돈을 벌어들이려고 한 거죠.

또 커피농장이나 소를 키울 목초지를 만들기 위해서 열대우림의 나무를 베어냈어요. 코스타리카의 숲 절반이 없어질 때까지요. 숲이 사라지자 홍수와 가뭄이 심해지고 공기도 나빠졌어요. 숲에 살던 동식물도 점점 사라지고 숲은 텅 빈 황무지가 되어갔어요.

1970년대가 되어서야 사람들은 서서히 숲의 중요성을 깨닫기 시작했어요. 그리고 한번 망가진 숲을 다시 살리려면 아주 오랜 시간이 걸린다는 걸 알게 되었어요.

그때부터 사람들은 숲을 보호하기 위해 산림법을 만들고 국립공원을 만들어서 관리했어요.

숲을 보호해야 한다는 생각이 처음부터 널리 퍼진 것은 아니에요. 국립공원 근처 주민들은 늘 하던 대로 동물을 사냥하고 나무를 베어 가는 일을 계속했거든요. 숲지킴이로 나선 사람들은 공원 안에 교육 시설을 만들어 주민들에게 환경교육을 실시하고 숲에 사는 동식물에 대해 알려주었죠. 동식물의 이름과 그들이 어떻게 살아가는지를 알게 되면 사랑하는 마음도 생기니까요.

그 뒤 30년이 지나자 불에 탔던 목초지엔 다시 나무가 우거지고 동물들이 돌아왔어요. 되살아난 숲을 보기 위해 관광객들이 찾아오고 다양한 생물을 연구하기 위해 다른 나라에서 과학자들도 찾아왔어요.

주민들은 관광객들에게 기념품을 팔고 음식점이나 숙박업소를 운영해서 많은 돈을 벌게 되었어요.

코스타리카 국민은 이제 숲을 지키는 일이 얼마나 중요한지 잘 안답니다. 그래서 큰 호텔도 짓지 않고 한 해에 받을 관광객 수도 정해 놓아요. 국립공원 안에는 다리나 보도블럭을 함부로 설치하지 않고 사람이 다닐 수 있을 만큼의 길만 만들고요.

숲을 잃을 뻔한 경험이 있기 때문에 다시는 같은 실수를 하지 않으려 노력해요. 숲이 살아야 인간도 살 수 있다는 것을 이제는 잘 아니까요.

영원한 어린이의 숲

코스타리카에는 '영원한 어린이의 숲'이란 멋진 이름을 가진 숲이 있어요. 말 그대로 어린이들이 돈을 모아 산, 어린이들이 주인인 숲이지요. 어린이들의 허락을 받지 않으면 누구도 이 숲을 해칠 수 없어요.

스웨덴의 한 초등학교를 다니던 어린이들은 열대우림이 점점 파괴되어 어쩌면 20년 뒤엔 사라질지도 모른다는 사실을 알게 되었습니다. 어떻게 하면 숲을 보호할 수 있을까 고민하던 어린이들에게 멋진 생각이 떠올랐어요. 바로 숲을 사 버리는 것이었습니다. 그럼 그 숲만큼은 보호할 수 있으니까요.

어린이들은 연극을 해서 입장료를 모았습니다. 방송국에 편지를 써서 자신들이 하는 일을 알리기도 했어요.

'어린이들의 열대우림'이라는 단체도 생겼습니다. 어린이들의 노력에 감동한 여러 나라의 사람들이 이 단체로 기부금을 보내주었어요. 마침내 2백만 달러라는 큰 돈이 모여서 그 돈으로 2만 3천 에이커(acre)나 되는 숲을 살 수 있었습니다.

우리는 무엇을 할 수 있나요?

"생태통로를 만들어 주세요"

캐나다 록키산맥 공원에서는 고속도로 주변에 철망을 쳐서 동물들이 도로로 들어와 차에 치이는 일이 없게 했어요. 또 고속도로 위에 잔디를 깐 육교나 지하통로를 만들어서 동물들이 안전하게 도로를 건널 수 있게 했지요.

우리나라 월드컵공원에서도 경사면에 야생동물들이 물을 마실 수 있도록 물웅덩이를 만들고, 배수로에는 보호망을 만들어서 도마뱀 등이 빠지지 않도록 배려한답니다.

"거리를 두세요"

야생동물을 사랑하는 방법은 그들과 일정한 거리를 두고 그대로 두는 거예요. 산에서 귀여운 야생동물을 만났을 때, 애완동물에게 하듯이 과자를 주거나 예쁘다고 쫓아가면 안 돼요.

동물들이 일단 사람이 주는 과자나 음식에 맛을 들이게 되면 스스로 먹이를 구하지 않으려고 한답니다. 그러면 점점 야생에서 살아가기가 힘들어져요.

또 코알라는 사람들이 귀엽다고 하도 껴안아서 엄청난 스트레스를 받고 있다고 해요. 스트레스를 심하게 받은 코알라는 새끼를 낳지 못하게 될 수도 있어요. 동물들에게도 그들만의 사생활이 있답니다. 동물의 사생활도 사람처럼 존중해줘야 해요.

"메아리는 싫어요"

"야호~"하고 지르는 소리와 그 메아리가 산에 사는 야생동물을 괴롭혀요.
야생동물은 대부분 네 발로 다닙니다. 4개의 발 모두 땅에 대고 있지요. 그리고 어깨까지의 키도 작아요. 또 사람보다 몇십 배나 귀가 밝아서 주변에서 들려오는 소리와 그 진동에 굉장히 민감해요.
"야호~" 하는 소리가 사람에겐 즐거운 소리로 들리지만 야생동물들에겐 천둥소리처럼 들릴 거예요.

"북극곰에게 얼음을 돌려주세요"

지구온난화가 북극의 얼음을 녹이고 북극곰을 사라지게 만들고 있어요. 지구온난화를 막기 위해 우리가 할 수 있는 일은 무엇일까요?

걷거나 자전거를 타요.
나무를 심어요.
전자제품의 플러그를 뽑아요.
냉동실에 음식을 쌓아두지 않아요.
에어컨과 보일러 사용을 줄여요.
냉장고에 자석을 붙이지 않아요.

"기름 한 방울도 막 버리지 않아요"

작은 숟가락만큼의 식용유만 들어가도 그 물은 오염이 되어요. 그러면 그 속에 살고 있는 물고기들은 죽고 말아요. 그 물에서 물고기가 다시 살게 하려면 10ℓ짜리 물통 100개나 되는 물을 다시 부어 주어야 해요. 그러니까 기름 묻은 접시는 바로 물에 담그지 말고 꼭 한 번 휴지로 닦아내도록 해요.

"사라져가는 동물을 기억해 주세요"

"캥거루처럼 생긴 주머니늑대를 아나요? 옛날에는 날지 못하는 도도새가 살았대요."

사라진 생물들의 이야기를 친구들에게 들려 주어요. 그리고 이제는 호랑이나 반달곰이 우리 곁을 떠나지 않게 관심을 가져요.

자연의 약속을 지켜요

지구에 사는 생물들은 겉으로 먹고 먹히는 것처럼 보여도 사실은 서로에게 도움을 주는 사이였어요. 아무도 혼자만 잘 살려고 하지 않았지요. 오랜 시간 동안 아무도 이 약속을 깨뜨리지 않았어요. 거대한 고래도, 조그만 개미 한 마리도 자연의 약속을 지켰어요.

그런데 사람은 달랐어요. 식물과 동물을 몰아내고 더 넓은 땅을 가지고 싶어 했어요. 뭐든지 사람 마음대로 할 수 있다고 생각했어요. 사람에게만 좋으면 모든 게 다 좋은 거라고 믿었지요.

자연의 약속이 깨진 지구는 뒤죽박죽이 되어버렸습니다. 그리고 그 결과는 사람에게도 돌아오기 시작했어요. 나쁜 공기를 마시고 병든 물고기를 먹게 되었지요. 지친 땅에서는 좋은 곡식을 거둘 수가 없게 되었어요.

자연의 약속을 어기면 자연으로부터 어떤 도움도 받지 못해요. 지구에 사는 모든 생물은 서로 서로 손을 잡고 살아가기 때문에 누구 하나가 그 손을 놓아버리면 다른 생물도 살아갈 수 없게 된답니다.

우리가 잊어버렸던 약속, 지구에 사는 모든 생물이 함께 손잡고 도와가며 살아가겠다는 맨 처음의 약속을 다시 떠올려 봐요!

한번 살던 곳에서 사라진 동물들을 다시 예전처럼 살게 하는 것은 아주 긴 시간이 걸리는 일이에요. 하지만 시간이 아무리 걸려도 사라져가는 동물을 보호하고 되살리는 일은 꼭 해야 해요. 그들은 자연을 건강하게 지켜 줄 파수꾼이자, 우리와 같은 지구의 가족이니까요.

교과부, 문광부, 환경부가 우수도서로 인증한
〈토토 과학상자〉 시리즈

우리나라 과학 전문 필자가 우리 어린이의 눈높이에 맞춰 쓴 과학책!
생물·지구과학·물리·화학 등 모든 과학 분야의
기본 원리를 친절하게 알려줍니다.

 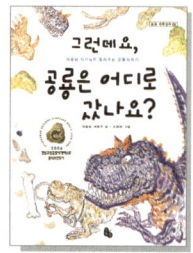   

    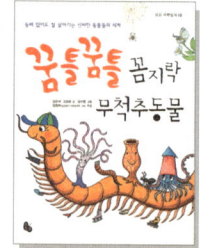

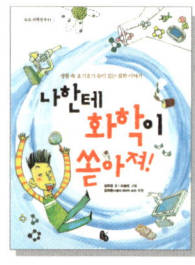    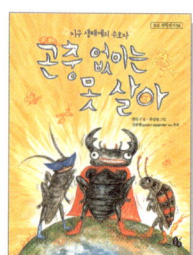

 〈토토 과학상자〉는 계속 발간됩니다.
홈페이지 www.totobook.com 에서 과학퀴즈를 풀고 상품을 받으세요.